本書係「敦煌文獻系統性保護整理出版工程」項目成果

二〇二一—二〇三五年國家古籍工作規劃重點出版項目

「十四五」國家重點出版物出版規劃項目

國家古籍整理出版專項經費資助項目

# 中國國家圖書館藏敦煌文獻

中國國家圖書館 編

第三一册

BD00427～BD00436

國家圖書館出版社

# DUNHUANG MANUSCRIPTS IN THE NATIONAL LIBRARY OF CHINA

031

BD00427 ~ BD00436

*compiled by the*

National Library of China

National Library of China Publishing House

# 凡例

一　本書刊布中國國家圖書館藏敦煌文獻，以館藏編號爲序編排。

二　館藏編號采用「BD+流水號」格式，如 BD00001, BD16579 等。背面在編號後加 v 表示。一個編號包含多件文獻者，編號後分別綴以字母 A, B, C 等。一件文獻含有多個内容者，以數字 -1, -2, -3 等標明順序。

三　圖版有縮印或放大處另加説明，尺寸超出本書幅面的以摺葉形式呈現。

四　卷軸裝、梵夾裝、經摺裝等裝幀形制的敦煌文獻，各附外觀圖像。

五　每件文獻依次呈現外觀、正面、背面等。背面僅刊布有文字、圖像或其他要素的圖版，而略去素紙部分，背面圖版同樣以從右到左順序編排。凡有外題者，遵從以上原則。

六　除個別特殊情況外，爲保證閲讀連貫、流暢，圖版儘量通欄呈現。

七　各葉上方附該件文獻全圖，以高亮形式顯示本葉大圖在全卷中的位置。部分長卷文獻全圖祇能分多段呈現時，在上段末以符標示下段接續。卷尾内容不足一葉時，文獻全圖使用該圖卷尾部分，亦以符標示。背面圖版文字與正面文字方向相反時，文獻全圖按原貌顯示，正文翻轉呈現，以便閲讀研究，用符標示。

八　文獻題名大體沿用中國國家圖書館此前所編多部敦煌文獻目録的考證，部分吸收學界最新研究成果略作調整和完善。文獻題名綜合參考原卷首題、尾題、外題確定，如原卷題名與該文獻正式名稱不同，則采用正式名稱；無題名者，或比定題名，或擬定新名。非漢文文獻在題名前標注語種。有分卷不同等其他情況者，括注於文獻名稱後。

九　本書著録使用通行繁體字，涉及原文中的人名、地名等，必要時保留原字形。

# About this publication

1. The documents are presented in shelfmark order.
2. The shelfmarks are in the form BD plus a running number, eg. BD00001, BD16579, &c. If a given shelfmark contains multiple documents, these are distinguished by the letters A, B, C, &c. If a document has multiple contents, they are distinguished by the numbering 1, 2, 3, &c. The verso side of an item is indicated by the letter v.
3. If it has been necessary to reduce or enlarge the size of an illustration, the dimensions are indicated. If the size of an illustration exceeds the size of the book, a folding sheet is used.
4. If the document is a scroll, a folded sutra, or has a stitched binding, a picture of the whole object is provided to show its external appearance.
5. The cover, front, and back of each document are reproduced in sequence. The back of a document is only reproduced if it contains text, illustrations, or other markings, and it is oriented from right to left. If it is blank it is not reproduced.
6. Except in a few special cases, the lines of text are reproduced unbroken to make them coherent and easier to read.
7. An illustration of the complete document is reproduced at the top of each page, and the section where the main illustration appears is highlighted in order to indicate its position. If it has only been possible to reproduce a long scroll in sections, the direction symbol has been used to indicate where one illustration ends and the next one begins. If the end of the scroll occupies less than one page, the direction symbol is used to indicate its position in the illustration of the complete document. If the text on the back of the document has a different orientation from the text on the front, it is reproduced as it is, but is also rotated (indicated with the rotation symbol ) so that it can be read easily.
8. The titles of the documents generally conform with those already established by the Library, but in some cases have been amended by drawing on the most recent scholarly research. The titles are derived firstly from the beginning of the text, then from the end of the text, and lastly from the cover. If the title of a document differs from its authoritative form, the authoritative form is used; and if a document has no title, one is either supplied by comparison with similar documents, or a new one is devised. If the document is not in Chinese, its language is indicated before the title. If the number of juan is different from that of the authoritative version, or if there are other irregularities, this is noted.
9. The documents in the book are in traditional Chinese characters. Where the title contains personal or place names, the original characters used for these names are retained.

(Translated by David Helliwell)

# 第三一册目録

# BD00427 妙法蓮華經卷二

（後秦）鳩摩羅什 譯

1010.8cm × 26cm

歡喜即起合掌瞻仰尊顏
此法音心懷踊躍得未
曾有所以□□昔從佛聞如是法見諸菩
薩受記作佛而我等不預斯事甚自感傷失
於如來無量知見世尊我常獨處山林樹下
若坐若行每作是念我等同入法性云何如
來以小乘法而見濟度是我等咎非世尊也
所以者何若我等待說所因成就阿耨多羅
三藐三菩提者必以大乘而得度脫然我
等不解方便隨宜所說初聞佛法遇便信受
思惟取證世尊我從昔來終日竟夜每自剋
責而今從佛聞所未聞未曾有法斷諸疑悔
身意泰然快得安隱今日乃知真是佛子從
佛口生從法化生得佛法分□□□□□□

我聞是法音　得所未曾有　心懷大歡喜　疑網皆已除
昔來蒙佛教　不失於大乘　佛音甚希有　能除衆生惱
我已得漏盡　聞亦除憂惱　我處於山谷　或在林樹下
若坐若經行　常思惟是事　嗚呼深自責　云何而自欺
我等亦佛子　同入無漏法　不能於未來　演說無上道
金色三十二　十力諸解脫　同共一法中　而不得此事
八十種妙好　十八不共法　如是等功德　而我皆已失
我獨經行時　見佛在大衆　名聞滿十方　廣饒益衆生
自惟失此利　我為自欺誑　我常於日夜　每思惟是事
欲以問世尊　為失為不失　我常見世尊　稱讚諸菩薩
以是於日夜　籌量如此事　今聞佛音聲　隨宜而說法
無漏難思議　令衆生道場　我本著邪見　為諸梵志師
世尊知我心　拔邪說涅槃　我悉除邪見　於空法得證
尒時心自謂　得至於滅度　而今乃自覺　非是實滅度

尒時心自謂　得至於滅度　而今乃自覺　非是實滅度
若得作佛時　具三十二相　天人夜叉衆　龍神等恭敬
是時乃可謂　永盡滅無餘　佛於大衆中　説我當作佛
聞如是法音　疑悔悉已除　初聞佛所説　心中大驚疑
將非魔作佛　惱亂我心耶　佛以種種緣　譬喻巧言説
其心安如海　我聞疑網斷　佛説過去世　無量滅度佛
安住方便中　亦皆説是法　現在未來佛　其數無有量
亦以諸方便　演説如是法　如今者世尊　從生及出家
得道轉法輪　亦以方便説　世尊説實道　波旬無此事
以是我定知　非是魔作佛　我墮疑網故　謂是魔所爲
聞佛柔軟音　深遠甚微妙　演暢清淨法　我心大歡喜
疑悔永已盡　安住實智中　我定當作佛　爲天人所敬
轉無上法輪　教化諸菩薩
尒時佛告舍利弗吾今於天人沙門婆羅門

便引導汝故生我法中舍利弗我昔教汝志
願佛道汝今悉忘而便自謂已得滅度我今還
欲令汝憶念本願所行道故為諸聲聞說是
大乘經名妙法蓮華教菩薩法佛所護念舍
利弗汝於未來世過無量無邊不可思議
劫供養若干千萬億佛奉持正法具足菩薩
所行之道當得作佛号曰華光如來應供正遍
知明行足善逝世間解無上士調御丈夫天
人師佛世尊國名離垢其土平正清淨嚴飾
安隱豐樂天人熾盛瑠璃為地有八交道
黃金為繩以界其側其傍各有七寶行樹常
有華果華光如來亦以三乘教化衆生舍利弗
彼佛出時雖非惡世以本願故說三乘法其

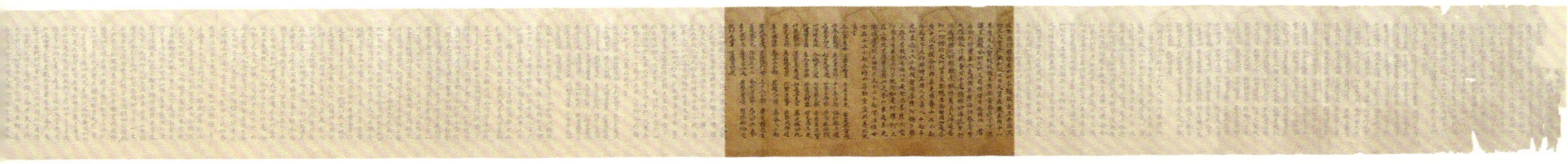

彼佛出時雖非惡世以本願故說三乘法其
劫名大寶莊嚴何故名曰大寶莊嚴其國中以
菩薩為大寶故彼諸菩薩無量無邊不可思
議算數譬喻所不能及非佛智力無能知者
若欲行時寶華承足此諸菩薩非初發意皆
久殖德本於無量百千萬億佛所淨修梵行
恒為諸佛之所稱歎常修佛慧具大神通善
知一切諸法之門質直無偽志念堅固如是菩
薩充滿其國舍利弗華光佛壽十二小劫
除為王子未作佛時其國人民壽八十劫華
光如來過十二小劫授堅滿菩薩阿耨多羅
三藐三菩提記告諸比丘是堅滿菩薩次當
作佛號曰華足安行多陀阿伽度阿羅訶三
藐三佛陀其佛國土亦復如是舍利弗是華光
佛滅度之後正法住世三十二小劫像法住世亦三十

爾時世尊欲重宣此義而說偈言

舍利弗來世　成佛普智尊　号名日華光　當度無量衆
供養無數佛　具足菩薩行　十力等功德　證於無上道
過無量劫已　劫名大寶嚴　世界名離垢　清淨無瑕穢
以瑠璃為地　金繩界其道　七寶雜色樹　常有華果實
彼國諸菩薩　志念常堅固　神通波羅蜜　皆已悉具足
於無數佛所　善學菩薩道　如是等大士　華光佛所化
佛為王子時　棄國捨世榮　於最末後身　出家成佛道
華光佛住世　壽十二小劫　其國人民衆　壽命八小劫
佛滅度之後　正法住於世　三十二小劫　廣度諸衆生
正法滅盡已　像法三十二　舍利廣流布　天人所供養
華光佛所為　其事皆如是　其兩足聖尊　最勝無倫疋
彼即是汝身　宜應自欣慶

彼即是汝身　宜應自欣慶
尒時四部衆比丘比丘尼優婆塞優婆夷天龍
夜叉乾闥婆阿脩羅迦樓羅緊那羅摩睺羅
伽等大衆見舍利弗於佛前受阿耨多羅三
藐三菩提記心大歡喜踊躍無量各各脫身
所著上衣以供養佛釋提桓因梵天王等與
無數天子亦以天妙衣曼陁羅華摩訶曼
陁羅華等供養於佛所散天衣住虛空中
而自迴轉諸天伎樂百千萬種於虛空中一
時俱作雨衆天華而作是言佛昔於波羅奈
初轉法輪今乃復轉無上最大法輪尒時諸
天子欲重宣此義而說偈言
昔於波羅奈　轉四諦法輪　分別說諸法　五衆之生滅
今復轉最妙　無上大法輪　是法甚深奧　少有能信者

大智舍利弗　今得受尊記
我等亦如是　必當得作佛　於一切世間　最尊無有上
佛道叵思議　方便隨宜說　我所有福業　今世若過世
及見佛功德　盡迴向佛道
爾時舍利弗白佛言世尊我今無復疑悔親
於佛前得受阿耨多羅三藐三菩提記是諸
千二百心自在者昔住學地佛常教化言我
法能離生老病死究竟涅槃是學無學人亦
各自以離我見及有無見等謂得涅槃而今
於世尊前聞所未聞皆墮疑惑善哉世尊願
為四眾說其因緣令離疑悔爾時佛告舍利
弗我先不言諸佛世尊以種種因緣譬喻言
辭方便說法皆為阿耨多羅三藐三菩提耶
是諸所說皆為化菩薩故然舍利弗今當復
以譬喻更明此義諸有智者以譬喻得解舍

是諸所說皆為化菩薩故然舍利弗今當復
以譬喻更明此義諸有智者以譬喻得解舍
利弗若國邑聚落有大長者其年衰邁財富
無量多有田宅及諸僮僕其家廣大唯有一
門多諸人眾一百二百乃至五百人止住其
中堂閣朽故牆壁隤落柱根腐敗梁棟傾危
周帀俱時欻然火起焚燒舍宅長者諸子若
十二十或至三十在此宅中長者見是大火
從四面起即大驚怖而作是念我雖能於此所
燒之門安隱得出而諸子等於大宅內樂著
嬉戲不覺不知不驚不怖火來逼身苦痛
切己心不厭患無求出意舍利弗是長者作
是思惟我身手有力當以衣裓若以几案從舍
出之復更思惟是舍唯有一門而復狹小諸子

出無令為火之所燒害作是念已如所思惟具
告諸子汝等速出父雖憐愍善言誘喻而
諸子等著嬉戲不肯信受不驚不畏了無
出心亦復不知何者是火何者為舍云何為失
但東西走戲視父而已尒時長者即作是念
此舍已為大火所燒我及諸子若不時出
必為所焚我今當設方便令諸子等便免斯
害父知諸子先心各有所好種種珎玩奇異
之物情必樂著而告之言汝等所可玩好希
有難得汝若不取後必憂悔如此種種羊
車鹿車牛車今在門外可以遊戲汝等於此
火宅宜速出來隨汝所欲皆當與汝尒時諸
子聞父所說珎玩之物適其願故心各勇銳

BD00427　妙法蓮華經卷二

子聞父所說珎玩之物適其願故心各勇鋭
互相推排競共馳走爭出火宅是時長者見
諸子等安隱得出皆於四衢道中露地而坐
無復障礙其心泰然歡喜踊躍時諸子等各
白父言父先所許玩好之具羊車鹿車牛車願
時賜與舍利弗尒時長者各賜諸子等一大
車其車高廣衆寶莊校周帀欄楯四面懸鈴
又於其上張設幰蓋亦以珎奇雜寶而嚴飾
之寶繩交絡垂諸華瓔重敷綩綖安置丹枕
駕以白牛膚色充潔形體姝好有大筋力
行步平正其疾如風又多僕從而侍衛之所以
者何是大長者財富無量種種諸藏悉皆充
溢而作是念我財物無極不應以下劣小車與
諸子等今此幼童皆是吾子愛無偏黨我有

之不宜差別所以者何以我此物周給一國猶
尚不匱何況諸子是時諸子各乘大車得
未曾有非本所望舍利弗於汝意云何是
長者等與諸子珍寶大車寧有虛妄不舍
利弗言不也世尊是長者但令諸子得免火
難全其軀命非為虛妄何以故若全身命便為
已得玩好之具況復方便於彼火宅而拔濟之
世尊若是長者乃至不與最小一車猶不虛
妄何以故是長者先作是意我以方便令子
得出以是因緣無虛妄也何況長者自知財
富無量欲饒益諸子等與大車佛告舍利弗
善哉善哉如汝所言舍利弗如來亦復如是
則為一切世間之父於諸怖畏衰惱憂患無
明闇蔽永盡無餘而悉成就無量知見力無

明闇蔽永盡無餘而悉成就無量知見力無
所畏有大神力及智慧力具足方便智慧波
羅蜜大慈大悲常無懈惓恒求善事利益
一切而生三界朽故火宅為度衆生生老病
死憂悲苦惱愚癡闇蔽三毒之大教化令得
阿耨多羅三藐三菩提見諸衆生為生老病
死憂悲苦惱之所燒煑亦以五欲財利故受
種種苦又以貪著追求故現受衆苦後受地
獄畜生餓鬼之苦生天上及在人間貧窮
困苦愛別離苦怨憎會苦如是等種種諸苦衆
生沒在其中歡喜遊戲不覺不知不驚不怖
亦不生猒不求解脫於此三界火宅東西馳
走雖遭大苦不以為患舍利弗佛見此已便
作是念我為衆生之父應拔其苦難與無量

諸衆生讚如来知見力無所畏者衆生不能
以是得度所以者何是諸衆生未免生老病
死憂悲苦惱而為三界火宅所燒何由能
解佛之智慧舍利弗如彼長者雖復身手有
力而不用之但以慇懃方便免濟諸子火宅
之難然後各與珎寶大車如来亦復如是雖
有力無所畏而不用之但以智慧方便於三
界火宅拔濟衆生為説三乘聲聞辟支佛
佛乘而作是言汝等莫得樂住三界火宅勿
貪麤弊色聲香味觸也若貪著生愛則為所
燒汝速出三界當得三乘聲聞辟支佛佛乘
我今為汝保任此事終不虚也汝等但當勤脩
精進如来以是方便誘進衆生復作是言汝
等當知此三乘法皆是聖所稱歎自在無繫

精進如来以是方便誘進衆生復作是言汝
等當知此三乘法皆是聖所稱歎自在無繫
無所依求乘是三乘以無漏根力覺道禪
定解脫三昧等而自娛樂便得無量安隱快
樂舍利弗若有衆生內有智性從佛世尊聞
法信受慇勤精進欲速出三界自求涅槃是
名聲聞乘如彼諸子為求羊車出於火宅若
有衆生從佛世尊聞法信受慇勤精進求自
然慧樂獨善寂深知諸法因緣是名辟支佛
乘如彼諸子為求鹿車出於火宅若有衆生
從佛世尊聞法信受勤修精進求一切智佛
智自然智無師智如来知見力無所畏愍念
安樂無量衆生利益天人度脫一切是名大
乘菩薩求此乘故名為摩訶薩如彼諸子為

等以大車而賜諸子如來亦復如是為一切眾
生之父若見無量億千眾生以佛教門出三
界苦怖畏險道得涅槃樂如來尒時便作是
念我有無量無邊智慧力無畏等諸佛法
藏是諸眾生皆是我子等與大乘不令有人
獨得滅度皆以如來滅度而滅度之是諸眾
生脫三界者悉與諸佛禪定解脫等娛樂之
具皆是一相一種聖所稱歎能生淨妙第一
之樂舍利弗如彼長者初以三車誘引諸子
然後但與大車寶物莊嚴安隱第一然彼長
者無虛妄之咎如來亦復如是無有虛妄初
說三乘引導眾生然後但以大乘而度脫之
何以故如來有無量智慧力無所畏諸法之藏

何以故如來有無量智慧力無所畏諸法之藏
能與一切衆生大乘之法但不盡能受舍利弗
以是因緣當知諸佛方便力故於一佛乘分
別說三佛欲重宣此義而說偈言
譬如長者　有一大宅　其宅久故　而復頓弊
堂舍高危　柱根摧朽　梁棟傾斜　基陛隤毀
牆壁圮坼　泥塗褫落　覆苫亂墜　椽梠差脫
周障屈曲　雜穢充遍　有五百人　止住其中
鵄梟鵰鷲　烏鵲鳩鴿　蚖蛇蝮蠍　蜈蚣蚰蜒
守宮百足　狖狸鼷鼠　諸惡虫輩　交橫馳走
屎尿臭處　不淨流溢　蜣蜋諸虫　而集其上
狐狼野干　咀嚼踐蹋　嚌齧死屍　骨肉狼藉
由是群狗　競來搏撮　飢羸慞惶　處處求食
鬪諍摣掣　啀喍嗥吠　其舍恐怖　變狀如是

毒蟲之屬　諸惡禽獸　孚乳產生　各自藏護
夜叉競來　爭取食之　食之既飽　惡心轉熾
鬪諍之聲　甚可怖畏　鳩槃茶鬼　蹲踞土埵
或時離地　一尺二尺　往返遊行　縱逸嬉戲
捉狗兩足　撲令失聲　以脚加頸　怖狗自樂
復有諸鬼　其身長大　裸形黑瘦　常住其中
發大惡聲　叫呼求食　復有諸鬼　其咽如針
復有諸鬼　首如牛頭　或食人肉　或復噉狗
頭髮蓬亂　殘害兇險　飢渴所逼　叫喚馳走
夜叉餓鬼　諸惡鳥獸　飢急四向　窺看窓牖
如是諸難　恐畏無量　是朽故宅　屬于一人
其人近出　未久之間　於後宅舍　忽然火起
四面一時　其焰俱熾　棟梁椽柱　爆聲震裂
摧折墮落　牆壁崩倒　諸鬼神等　揚聲大叫
鵰鷲諸鳥　鳩槃茶等　周章惶怖　不能自出

摧折墮落　牆壁崩倒　諸鬼神等　揚聲大叫
鵰鷲諸鳥　鳩槃荼等　周章惶怖　不能自出
惡獸毒蟲　藏竄孔穴　毗舍闍鬼　亦住其中
薄福德故　為火所逼　共相殘害　飲血噉肉
野干之屬　並已前死　諸大惡獸　競來食噉
臭烟熢㶿　四面充塞　蜈蚣蚰蜒　毒蛇之類
為火所燒　爭走出穴　鳩槃荼鬼　隨取而食
又諸餓鬼　頭上火然　飢渴熱惱　周章悶走
其宅如是　甚可怖畏　毒害火災　眾難非一
是時宅主　在門外立　聞有人言　汝諸子等
先因遊戲　來入此宅　稚小無知　歡娛樂著
告喻諸子　說眾患難　惡鬼毒蟲　災火蔓莚
眾苦次第　相續不絕　毒蛇蚖蝮　及諸夜叉
鳩槃荼鬼　野干狐狗　鵰鷲鵄梟　百足之屬

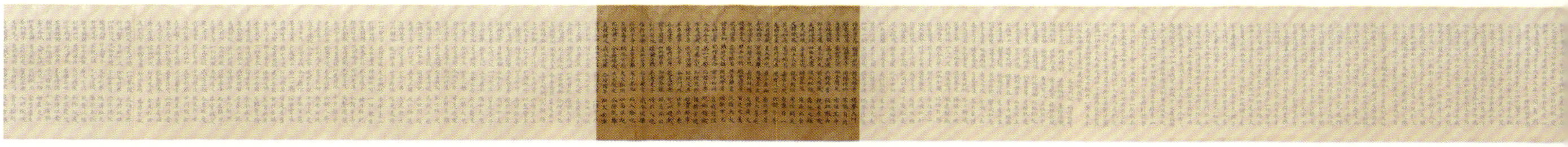

是時長者　而作是念　諸子如此　益我愁惱
今此舍宅　無一可樂　而諸子等　耽湎嬉戲
不受我教　將為火害　即便思惟　設諸方便
告諸子等　我有種種　珍玩之具　妙寶好車
羊車鹿車　大牛之車　今在門外　汝等出來
吾為汝等　造作此車　隨意所樂　可以遊戲
諸子聞說　如此諸車　即時奔競　馳走而出
到於空地　離諸苦難　長者見子　得出火宅
住於四衢　坐師子座　而自慶言　我今快樂
此諸子等　生育甚難　愚小無知　而入險宅
多諸毒蟲　魑魅可畏　大火猛焰　四面俱起
而此諸子　貪樂嬉戲　我已救之　令得脫難
是故諸人　我今快樂　爾時諸子　知父安坐
皆詣父所　而白父言　願賜我等　三種寶車

是故諸人　我今快樂　尒時諸子　知父安坐
皆詣父所　而白父言　願賜我等　三種寶車
如前所許　諸子出來　當以三車　隨汝所欲
今正是時　唯垂給與　長者大富　庫藏衆多
金銀琉璃　硨磲碼碯　以衆寶物　造諸大車
莊校嚴飾　周帀欄楯　四面懸鈴　金繩交絡
真珠羅網　張施其上　金華諸瓔　處處垂下
衆綵雜飾　周帀圍繞　柔軟繒纊　以為茵蓐
上妙細氎　價直千億　鮮白淨潔　以覆其上
有大白牛　肥壯多力　形體姝好　以駕寶車
多諸儐從　而侍衛之　以是妙車　等賜諸子
諸子是時　歡喜踊躍　乘是寶車　遊於四方
嬉戲快樂　自在無礙　告舍利弗　我亦如是
衆聖中尊　世間之父　一切衆生　皆是吾子
深著世樂　無有慧心　三界無安　猶如火宅

如是等火　熾然不息　如來已離　三界火宅
寂然閑居　安處林野　今此三界　皆是我有
其中衆生　悉是吾子　而今此處　多諸患難
唯我一人　能為救護　雖復教詔　而不信受
於諸欲染　貪著深故　以是方便　為說三乘
令諸衆生　知三界苦　開示演說　出世間道
是諸子等　若心決定　具足三明　及六神通
有得緣覺　不退菩薩　汝舍利弗　我為衆生
以此譬喻　說一佛乘　汝等若能　信受是語
一切皆當　成得佛道　是乘微妙　清淨第一
於諸世間　為無有上　佛所悅可　一切衆生
所應稱讚　供養禮拜　無量億千　諸力解脫
禪定智慧　及佛餘法　得如是乘　令諸子等

禪定智慧 及佛餘法 得如是乘 令諸子等
日夜劫數 常得遊戲 與諸菩薩 及聲聞衆
乘此寶乘 直至道場 以是因緣 十方諦求
更無餘乘 除佛方便 告舍利弗 汝諸人等
皆是吾子 我則是父 汝等累劫 衆苦所燒
我皆濟拔 令出三界 我雖先說 汝等滅度
但盡生死 而實不滅 今所應作 唯佛智慧
若有菩薩 於是衆中 能一心聽 諸佛實法
諸佛世尊 雖以方便 所化衆生 皆是菩薩
若人小智 深著愛欲 爲此等故 說於苦諦
衆生心喜 得未曾有 佛說苦諦 真實無異
若有衆生 不知苦本 深著苦因 不能暫捨
爲是等故 方便說道 諸苦所因 貪欲爲本
若滅貪欲 無所依止 滅盡諸苦 名第三諦

其實未得　一切解脫　佛說是人　未實滅度
斯人未得　無上道故　我意不欲　令至滅度
我為法王　於法自在　安隱眾生　故現於世
汝舍利弗　我此法印　為欲利益　世間故說
在於遊方　勿妄宣傳　若有聞者　隨喜頂受
當知是人　阿惟越致　若有信受　此經法者
是人已曾　見過去佛　恭敬供養　亦聞是法
若人有能　信汝所說　則為見我　亦見於汝
及比丘僧　并諸菩薩　斯法華經　為深智說
淺識聞之　迷惑不解　一切聲聞　及辟支佛
於此經中　力所不及　汝舍利弗　尚於此經
以信得入　況餘聲聞　其餘聲聞　信佛語故
隨順此經　非己智分　又舍利弗　憍慢懈怠

BD00427　妙法蓮華經卷二

隨順此經　非己智分　又舍利弗　憍慢懈怠
計我見者　莫說此經　凡夫淺識　深著五欲
聞不能解　亦勿為說　若人不信　毀謗此經
則斷一切　世間佛種　或復顰蹙　而懷疑惑
汝當聽說　此人罪報　若佛在世　若滅度後
其有誹謗　如斯經典　見有讀誦　書持經者
輕賤憎嫉　而懷結恨　此人罪報　汝今復聽
其人命終　入阿鼻獄　具足一劫　劫盡更生
如是展轉　至無數劫　從地獄出　當墮畜生
若狗野干　其形頹瘦　黧黮疥癩　人所觸嬈
又復為人　之所惡賤　常困飢渴　骨肉枯竭
生受楚毒　死被瓦石　斷佛種故　受斯罪報
若作駝驢　或生驢中　身常負重　加諸杖捶
但念水草　餘無所知　謗斯經故　獲罪如是

於此死已　更受蟒身　其形長大　五百由旬
聾騃無足　宛轉腹行　為諸小虫　之所唼食
晝夜受苦　無有休息　謗斯經故　獲罪如是
若得為人　諸根闇鈍　矬陋攣躄　盲聾背傴
有所言說　人不信受　口氣常臭　鬼魅所著
貧窮下賤　為人所使　多病痟瘦　無所依怙
雖親附人　人不在意　若有所得　尋復忘失
若修醫道　順方治病　更增他疾　或復致死
若自有病　無人救療　設服良藥　而復增劇
若他反逆　抄劫竊盜　如是等罪　橫羅其殃
如斯罪人　永不見佛　衆聖之王　說法教化
如斯罪人　常生難處　狂聾心亂　永不聞法
於無數劫　如恒河沙　生輒聾瘂　諸根不具
常處地獄　如遊園觀　在餘惡道　如己舍宅

於無數劫　如恒河沙　生輒聾瘂　諸根不具
常處地獄　如遊園觀　在餘惡道　如己舍宅
駝驢猪狗　是其行處　謗斯經故　獲罪如是
若得為人　聾盲瘖瘂　貧窮諸衰　以自莊嚴
水腫乾痟　疥癩癰疽　如是等病　以為衣服
身常臭處　垢穢不淨　深著我見　增益瞋恚
婬欲熾盛　不擇禽獸　謗斯經故　獲罪如是
告舍利弗　謗斯經者　若說其罪　窮劫不盡
以是因緣　我故語汝　無智人中　莫說此經
若有利根　智慧明了　多聞強識　求佛道者
如是之人　乃可為說　若人曾見　億百千佛
殖諸善本　深心堅固　如是之人　乃可為說
若人精進　常修慈心　不惜身命　乃可為說
若人恭敬　無有異心　離諸凡愚　獨處山澤

若見佛子 持戒清潔 如淨明珠 求大乘經
如是之人 乃可為說 若人無瞋 質直柔軟
常愍一切 恭敬諸佛 如是之人 乃可為說
復有佛子 於大衆中 以清淨心 種種因緣
譬喻言辭 說法無礙 如是之人 乃可為說
若有比丘 為一切智 四方求法 合掌頂受
但樂受持 大乘經典 乃至不受 餘經一偈
如是之人 乃可為說 如人至心 求佛舍利
亦未曾念 外道典籍 如是之人 乃可為說
告舍利弗 我說是相 求佛道者 窮劫不盡
如是等人 則能信解 汝當為說 妙法華經

妙法蓮華經信解品第四

尒時慧命須菩提 摩訶迦旃延 摩訶迦葉

BD00427　妙法蓮華經卷二

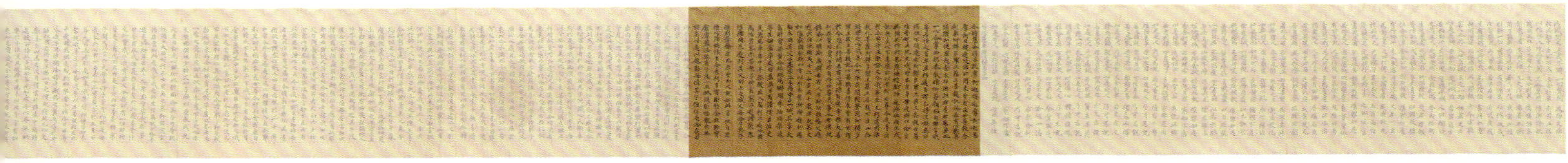

尒時慧命須菩提摩訶迦旃延摩訶迦葉
摩訶目揵連從佛所聞未曾有法世尊授舍
利弗阿耨多羅三藐三菩提記發希有心歡喜
踊躍即從座起整衣服偏袒右肩右膝著地
一心合掌曲躬恭敬瞻仰尊顏而白佛言我
等居僧之首年並朽邁自謂已得涅槃無所
堪任不復進求阿耨多羅三藐三菩提世尊
往昔說法既久我時在座身體疲懈但念空
無相無作於菩薩法遊戲神通淨佛國土成
就衆生心不喜樂所以者何世尊令我等出
於三界得涅槃證又今我等年已朽邁於佛
教化菩薩阿耨多羅三藐三菩提不生一念
好樂之心我等今於佛前聞授聲聞阿耨多
羅三藐三菩提記心甚歡喜得未曾有不謂

譬喻以明斯義譬若有人年既幼稚捨父逃
逝久住他國或十二十至五十歲年既長大
加復窮困馳騁四方以求衣食漸漸遊行遇
向本國其父先來求子不得中止一城其家大
富財寶無量金銀琉璃珊瑚虎珀頗梨珠
等其諸倉庫悉皆盈溢多有僮僕臣佐吏
民象馬車乘牛羊無數出入息利乃遍他國
商估賈客亦甚衆多時貧窮子遊諸聚落
經歷國邑遂到其父所止之城父每念子與子
離別五十餘年而未曾向人說如此事但自思
惟心懷悔恨自念老朽多有財物金銀珍寶
倉庫盈溢無有子息一旦終沒財物散失無
所委付是以慇懃每憶其子復作是念我若

BD00427　妙法蓮華經卷二

所委付是以慇勤每憶其子復作是念我若
得子委付財物坦然快樂無復憂慮世尊尒
時窮子傭賃展轉遇到父舍住立門側遥見
其父踞師子林寶几承足諸婆羅門刹利居
士皆恭敬圍繞以真珠瓔珞價直千萬莊嚴
其身吏民僮僕手執白拂侍立左右覆以寶
帳垂諸華幡香水灑地散衆名華羅列寶物
出內取與有如是等種種嚴飾威德特尊窮
子見父有大力勢即懷恐怖悔來至此竊作
是念此或是王或是王等非我傭力得物之處
不如往至貧里肆力有地衣食易得若久
住此或見逼迫強使我作作是念已疾走而
去時富長者於師子座見子便識心大歡喜
即作是念我財物庫藏今有所付我常思念

疾走往捉窮子驚愕稱怨大喚我不相犯何
為見捉使者執之逾急強牽將還于時窮子
自念無罪而被囚執此必定死轉更惶怖悶絕
躄地父遙見之而語使言不須此人勿強將
來以冷水灑面令得醒悟莫復與語所以者
何父知其子志意下劣自知豪貴為子所難
審知是子而以方便不語他人云是我子使
者語之我今放汝隨意所趣窮子歡喜得
未曾有從地而起往至貧里以求衣食爾時
長者將欲誘引其子而設方便密遣二人形
色顦顇無威德者汝可詣彼徐語窮子此有
作處倍與汝直窮子若許將來使作若言欲
何所作便可語之雇汝除糞我等二人亦共
汝作時二使人即求窮子既已得之具陳上事

何所作便可之雇汝除糞我等二人亦共
汝作時二人即求窮子既已得之具陳上事
尒時窮子先取其價尋與除糞其父見子
愍而怪之又以他日於窓牖中遥見子身羸
瘦顦顇糞土塵坌汙穢不淨即脫瓔珞細耎
上服嚴飾之具更著麁弊垢膩之衣塵土坌
身右手執持除糞之器狀有所畏語諸作人
汝等勤作勿得懈息以方便故得近其子後
復告言咄男子汝常此作勿復餘去當加汝
價諸有所須瓫器米麵鹽酢之屬莫自疑難
亦有老弊使人須者相給好自安意我如汝
父勿復憂慮所以者何我年老大而汝少壯
汝常作時無有欺怠瞋恨怨言都不見汝有
此諸惡如餘作人自今已後如所生子即時長

中常令除糞過是已後心相體信入出無難
然其所止猶在本處世尊尒時長者有疾自
知將死不久語窮子言我今多有金銀珎寶
倉庫盈溢其中多少所應取與汝悉知之我
心如是當體此意所以者何今我與汝便為
不異宜加用心無令漏失尒時窮子即受教
勅領知衆物金銀珎寶及諸庫藏而無希取
一飡之意然其所止故在本處下劣之心亦
未能捨復經少時父知子漸以通泰成就
大志自鄙先心臨欲終時而命其子并會親
族國王大臣刹利居士皆悉已集即自宣言
諸君當知此是我子我之所生於某城中捨吾
逃走跉跰辛苦五十餘年其字某我名某

逃走跉跰辛苦五十餘年其字某我名某
甲昔在本城懷憂推覓忽於此間遇會得
之此實我子我實其父今我所有一切財物
皆是子有先所出内是子所知世尊是時窮
子聞父此言即大歡喜得未曾有而作是念
我本無心有所希求今此寶藏自然而至世
尊大富長者則是如來我等皆似佛子如來
常説我等為子世尊我等以三苦故於生死
中受諸熱惱迷惑無知樂著小法今日世尊
令我等思惟蠲除諸法戲論之糞我等於中
勤加精進得至涅槃一日之價既得此已心大
歡喜自以為足便自謂言於佛法中勤精
進故所得弘多然世尊先知我等心著弊欲
樂於小法便見縱捨不為分別汝等當有如

大乘無有志求我等又曰如來智慧為諸
菩薩開示演說而自於此無有志願所以者
何佛知我等心樂小法以方便力隨我等說
而我等不知真是佛子今我等方知世尊於
佛智慧無所悋惜所以者何我等昔來真是
佛子而但樂小法若我等有樂大之心佛則
為我說大乘法於此經中唯說一乘而昔於
菩薩前毀呰聲聞樂小法者然佛實以大乘
教化是故我等說本無心有所希求今法王
大寶自然而至如佛子所應得者皆已得之
尒時摩訶迦葉欲重宣此義而說偈言
我等今日　聞佛音教　歡喜踊躍　得未曾有
佛說聲聞　當得作佛　無上寶聚　不求自得

佛說聲聞　當得作佛　無上寶聚　不求自得
譬如童子　幼稚無識　捨父逃逝　遠到他土
周流諸國　五十餘年　其父憂念　四方推求
求之既疲　頓止一城　造立舍宅　五欲自娛
其家巨富　多諸金銀　硨磲碼瑙　真珠瑠璃
象馬牛羊　輦轝車乘　田業僮僕　人民衆多
出入自利　乃遍他國　商估賈人　無處不有
千萬億衆　圍繞恭敬　常為王者　之所愛念
羣臣豪族　皆共宗重　以諸緣故　往來者衆
豪富如是　有大力勢　而年朽邁　益憂念子
庫藏諸物　當如之何　尒時窮子　求索衣食
從邑至邑　從國至國　或有所得　或無所得
飢餓羸瘦　體生瘡癬　漸次經歷　到父住城
傭賃展轉　遂至父舍　尒時長者　於其門内

或有計算 金銀寶物 出內財產 注記券疏
窮子見父 豪貴尊嚴 謂是國王 若國王等
驚怖自怪 何故至此 覆自念言 我若久住
或見逼迫 強駈使作 思惟是已 馳走而去
借問貧里 欲往傭作 長者是時 在師子座
遥見其子 黙而識之 即勅使者 追捉將來
何用衣食 使我至此 長者知子 愚癡狹劣

窮子驚喚 迷悶躄地 是人執我 必當見殺
何用衣食 使我至此 長者知子 愚癡狹劣
不信我言 不信是父 即以方便 更遣餘人
眇目矬陋 無威德者 汝可語之 云當相雇
除諸糞穢 倍與汝價 窮子聞之 歡喜隨來

眇目矬陋　無威德者　汝可語之　云當相雇
除諸糞穢　倍與汝價　窮子聞之　歡喜隨來
為除糞穢　淨諸房舍　長者於牖　常見其子
念子愚劣　樂為鄙事　於是長者　著弊垢衣
執除糞器　往到子所　方便附近　語令勤作
既益汝價　并塗足油　飲食充足　薦席厚暖
如是苦言　汝當勤作　又以軟語　若如我子
長者有智　漸令入出　經二十年　執作家事
示其金銀　真珠頗梨　諸物出入　皆使令知
猶處門外　止宿草庵　自念貧事　我無此物
父知子心　漸已曠大　欲與財物　即聚親族
國王大臣　剎利居士　於此大眾　說是我子
捨我他行　經五十歲　自見子來　已二十年
昔於其城　而失是子　周行求索　遂來至此

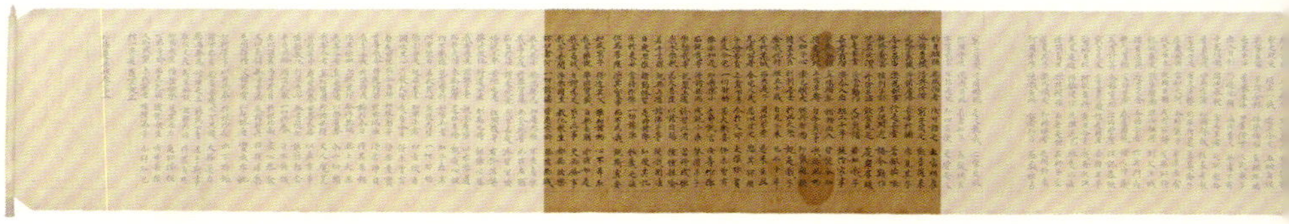

今於父所　大獲珍寶
并及舍宅　一切財物　甚大歡喜　得未曾有
佛亦如是　知我樂小　未曾說言　汝等作佛
而說我等　得諸無漏　成就小乘　聲聞弟子
佛勑我等　說最上道　修習此者　當得成佛
我承佛教　為大菩薩　以諸因緣　種種譬喻
若干言辭　說無上道　諸佛子等　從我聞法
日夜思惟　精勤修習　是時諸佛　即授其記
汝於來世　當得作佛　一切諸佛　秘藏之法
但為菩薩　演其實事　而不為我　說斯真要
如彼窮子　得近其父　雖知諸物　心不希取
我等雖說　佛法寶藏　自無志願　亦復如是
我等內滅　自謂為足　唯了此事　更無餘事
我等若聞　淨佛國土　教化眾生　都無欣樂
所以者何　一切諸法　皆悉空寂　無生無滅

我等若聞　淨佛國土　教化衆生　都無欣樂
所以者何　一切諸法　皆悉空寂　無生無滅
無大無小　無漏無爲　如是思惟　不生喜樂
我等長夜　於佛智慧　無貪無著　無復志願
而自於法　謂是究竟　我等長夜　修習空法
得脫三界　苦惱之患　住最後身　有餘涅槃
佛所教化　得道不虚　則爲已得　報佛之恩
我等雖爲　諸佛子等　説菩薩法　以求佛道
而於是法　永無願樂　導師見捨　觀我心故
初不勸進　説有實利　如富長者　知子志劣
以方便力　柔伏其心　然後乃付　一切財物
佛亦如是　現希有事　知樂小者　以方便力
調伏其心　乃教大智　我等今日　得未曾有
非先所望　而今自得　如彼窮子　得無量寶

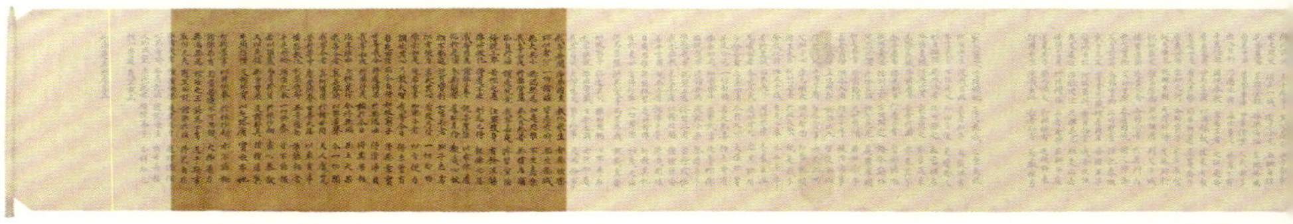

始於今日　得其果報
法王法中　久修梵行　今得無漏　無上大果
我等今者　真是聲聞　以佛道聲　令一切聞
我等今者　真阿羅漢　於諸世間　天人魔梵
普於其中　應受供養　世尊大恩　以希有事
憐愍教化　利益我等　無量億劫　誰能報者
手足供給　頭頂禮敬　一切供養　皆不能報
若以頂戴　兩肩荷負　於恒沙劫　盡心恭敬
又以美膳　無量寶衣　及諸臥具　種種湯藥
牛頭栴檀　及諸珍寶　以起塔廟　寶衣布地
如斯等事　以用供養　於恒沙劫　亦不能報
諸佛希有　無量無邊　不可思議　大神通力
無漏無為　諸法之王　能為下劣　忍于斯事
取相凡夫　隨宜而說　諸佛於法　得最自在
知諸衆生　種種欲樂

BD00427　妙法蓮華經卷二

取相凡夫　隨宜而說　諸佛於法　得最自在
知諸衆生　種種欲樂　及其志力　隨所堪任
以無量喻　而為說法　隨諸衆生　宿世善根
又知成熟　未成熟者　種種籌量　分別知已
於一乘道　隨宜說三

妙法蓮華經卷第二

# BD00428 大智度論（异卷）卷二六

龍樹 造

（後秦）鳩摩羅什 譯

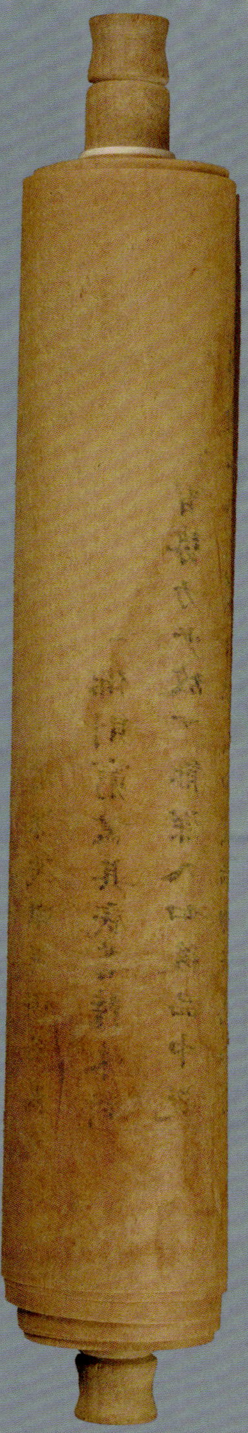

998cm × 26.5cm

但略說如人入海
者深淺雖異俱名為
是佛則窮盡其底菩薩未斷
煩惱習勢力少故不能深入如後品中說
譬喻如人於闇室燃燈照諸器物皆悉分了
更有大燈益復明審則知大燈所破之闇與
前燈合住前燈雖與闇共住而亦能照物若
前燈中无闇則後燈无所增益諸佛菩薩智
慧亦如是菩薩智慧雖與煩惱習合而能得
諸法實相亦如前燈亦能照物佛智慧盡諸
煩惱習亦得諸法實相如後燈倍復明了問

實相自以然是此中實相者不可破故常住

不異无能作者如後品中佛語須菩提若菩

薩觀一切諸法非常非无常非苦非樂非我

非无我非有非无等亦不有是觀是名菩薩

行般若波羅蜜是義捨一切觀滅一切語言

離諸心行從本以来不生不滅如涅槃相一

切諸法相亦如是是名諸法實相如讚般若

波羅蜜偈說

般若波羅蜜　實法不顛倒　念想觀已除　言語法亦滅

无量衆罪除　清淨心常一　如是尊妙人　則能見般若

如虚空无染　无戲无文字　若能如是觀　是即為見佛

若如法觀佛　般若及涅槃　是三則一相　其實无有異

諸佛及菩薩　能利益一切　般若為之母　能出生養育

佛為衆生父　般若能生佛　是則為一切　衆生之祖母

諸佛及菩薩　能利益一切　般若為之母　能出生養育
佛為衆生父　般若能生佛　是則為一切　衆生之祖母
般若是一法　佛說種種名　隨諸衆生力　為之立異字
若人得般若　議論心皆滅　譬如日出時　朝露一時失
般若之威德　能動二種人　无智者怖畏　有智者歡憙
若人得般若　則為般若主　般若中不著　何況於餘法
般若无所来　亦復无所去　智者一切處　求之不能得
若人見般若　是則為被縛　若不見般若　則亦名被縛
若人見般若　則時得解脱　若不見般若　則亦得解脱
是事為希有　甚深有大名　譬如幻化物　見而不可見
諸佛及菩薩　聲聞辟支佛　解脱涅槃道　皆從般若得
言說為世俗　憐愍一切故　假名說諸法　雖說而不說
般若波羅蜜　譬如大火炎　四邊不可取　无取亦不取

般若雖頌讚　而我今能讚　雖未脫死地　則為已得出

般若相品第卌

問曰何以獨稱般若波羅蜜為摩訶而不稱
五波羅蜜荅言摩訶秦言大般若秦言慧波
羅蜜言到彼岸以其能度智慧大海彼岸到
一切智慧邊窮盡其極故名到彼岸一切世
間中十方三世諸佛第一大次有菩薩辟支
佛聲聞是四大人皆由般若波羅蜜生是故
名為大復次能與衆生大果報无量无盡常
不變壞所謂涅槃餘五波羅蜜不能尒布施
等離般若波羅蜜但能與世間果報是故不
得名為大問曰何者是智慧荅曰般若波羅
蜜攝一切智慧故所以者何菩薩求佛道應

得名為大問曰何者是智慧荅曰般若波羅
蜜攝一切智慧故所以者何菩薩求佛道應
當學一切法得一切智慧所謂求聲聞求辟
支佛智慧佛智慧有三種學无學非學非无
學非學非无學智者如乾慧地不淨安那般
那欲界繫四念處煖法頂法忍法世間第一
法等學智者苦法忍慧乃至阿羅漢第九无
㝵道中金剛三昧慧无學智者阿羅漢第九
解脫智從是已後一切无學智如盡智无生
智等是為无學智求辟支佛道智慧亦如是
問曰若辟支佛道亦如是者云何分別聲聞
辟支佛荅曰道雖一種而用智有異若諸佛
不出佛法已滅是人先世因緣故獨出智慧

食已而卧王諸夫人采女皆共取華毀折林
樹王覺已見林毀壞而自覺悟一切世間无
常變壞皆亦如是思惟是已无漏道心生斷
諸結使得辟支佛道具六神通即飛到閑靜
林間如是等因緣及先世福德願行果報今
世見少因緣成辟支佛道如是為異復次辟
支佛有二種義一名獨覺二名因緣覺因緣覺
如上說獨覺者是人今世成道自覺不從他
聞是名獨覺辟支迦佛辟支迦佛有二種一
種本是學人在學人中生是時无佛佛法滅
是須陁洹已滿七生不應第八生自得成道
是人不名佛不名阿羅漢名為小辟支迦佛
與阿羅漢无異或有不如舍利弗等大阿羅

與阿羅漢无異或有不如舍利弗等大阿羅
漢者大辟支佛百劫中作功德增長智慧得
卅二相分或有卅一相或卅廿九相乃至一
相於九種阿羅漢中智慧利勝於諸深法中
揔相別相能入久脩習之常樂獨處如是相
名為大辟支迦佛是為別異求佛道者從初
發心作願願我作佛度脫眾生得一切佛法
行六波羅蜜破魔軍眾及諸煩惱得一切智
成佛道乃至入无餘涅槃隨本願行從是中
聞所有智慧揔相別相一切盡智是名佛智
慧是三種智慧盡能知盡到其邊以是故言
到智慧邊問曰若如所說一切智慧盡應入
若世間若出世間何以但言三乘智慧盡到

出旃檀木若餘處或有好語皆從佛法中得
自非佛法初聞似好久則不妙譬如牛乳驢
乳其色雖同牛乳搖則成酥驢乳搖則成屎
佛法語及外道語不殺不盜慈愍衆生攝心
離欲觀空雖同然外道語初似雅妙窮盡所
歸則為虛誑一切外道皆著我見實有我應
墮二種若壞相若不壞相若壞相應如牛皮
若不壞相應如虛空此二處无殺罪无不殺
福若如虛空雨露不能潤風熱不能乾是則
墮常相若常者苦不能惱樂不能悅若不受
苦樂不應避禍就福若壞相如牛皮則為風
雨所壞若壞則墮无常若隨身滅則无罪福
汝等我相如是可有殺生為罪不殺為福問

而所壞若壞則墮无常若隨身滅則无罪福
汝等生相如是何有致生為罪不致為福問
曰外道或福所失如是其禪智慧復云何荅
曰外道以我心遂禪故多愛見慢故不捨一
切法故无有實智慧問曰汝言外道觀空觀
空則捨一切法云何言不捨一切法故无有
實智慧荅曰外道雖觀空而取空相雖知諸
法空而不自知我空愛著觀空智慧故問曰
外道有无想定心數法都滅都滅故故无有
取相愛著智慧各荅曰无想定力強令心滅
非實智慧力又於此中生涅槃想不知是和
合作法以是故墮顛倒中是中心雖暫滅得
因緣還生譬如人无夢睡時心想不行悟則
還有問曰无想定其失如是更有非有想非

細微故不覺若无想何緣更求實智慧佛法
中是非有想中識依四衆住
相定是中无一切妄相亦不如强作无想定
滅想是中智慧力故无想荅曰是中有想細
微故不覺若无想何緣更求實智慧佛法中
是非有想非无想中識依四衆住是四陰屬
因緣故无常无常故苦无常苦故空空故无
我空无我故可捨汝等愛著智慧故不得涅
槃辟如尺蠖屈後足進前足所緣盡无復進
處而還外道依止初禪捨下地欲乃至依非
有想非无想處捨无所有處上无所依則不
能捨其自地更无依處恐懼失我畏墮无所
得中復次外道經中有聽殺盗婬妄語飲酒

能捨其自地天依處恐懼為我是臣天所
得中復次外道經中有聽煞盜婬妄語飲酒
言為天祠况煞无罪為行道故若遭急難欲
自全身而煞小人无罪又有急難為行道故
除金餘者得盜取以自全濟後當除此殃罪
除師婦國王夫人善知識妻僮女餘者逼迫
急難得耶婬為師父母為身為牛為媒故聽
妄語寒鄉聽飲石蜜酒天祠中或聽嘗一渧
二渧酒佛法中則不然於一切衆生慈心等
視乃至蟻子亦不奪命何况煞人一針一縷
不取何况多物无主婬女不以指觸何况人
之婦女戲咲不得妄語何况故作妄語一切
酒一切時常不得飲何况寒鄉天祠汝等外
道與佛法懸殊有若天地汝等外道法是生

法或說有或說无或說常或說无常或說苦
或說樂或說我或說无我或說勤行三業攝
諸善法或說一切諸法无作相如是等種種
異說无智聞之謂為乖錯智者入三種法門
觀一切佛語皆是實法不相違背何等是三
門一者蜫勒門二者阿毗曇門三者空門
問曰云何名蜫勒云何名阿毗曇云何名為
空門荅曰蜫勒有三百二十万言佛在世時
大迦旃延之所造佛滅度後人壽轉減憶識
力少不能廣誦諸得道人撰為三十八万四
千言若人入蜫勒門論議則无窮如佛說偈
諸惡莫作　諸善奉行　自淨其意　是諸佛教
是中心數法盡應說今但自說淨其意則知
皆心數法已說何以故同相同緣故如佛說

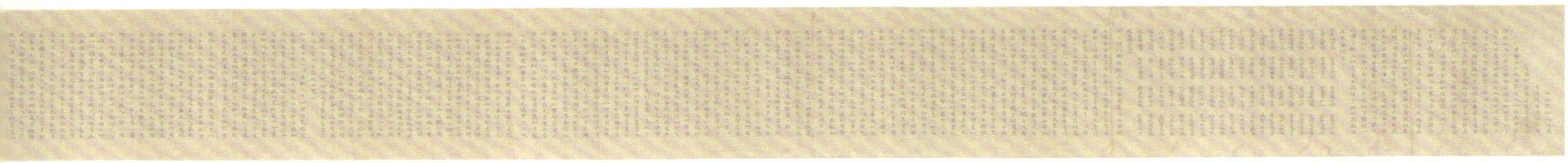

是中心數法盡應說令但自說淨其意則知
諸心數法已說何以故同相同緣故如佛說
四念處是中不離四正勤四如意足五根五
力何以故四念處中四種精進則是四正勤
四種定是爲四如意足五種善法是爲五根
五力佛雖不說餘門但說四念處當知已說
餘門如佛於四諦中或說一諦或二或三如
馬星比丘爲舍利弗說偈
諸法從緣生　是法緣及盡　我師大聖主　是義如是說
此偈但說三諦當知道諦已在中不相離故
譬如一人犯事舉家受罪如是等名爲隨相
門對治門者如佛但說四顛倒常顛倒樂顛
倒我顛倒淨顛倒是中雖不說四念處當知
已有四念處義譬如說藥已知其病說病則

說具根本則知枝葉皆得如佛說一切世間
有三毒當知說三毒已說三分八正道若說
三毒當知已說一切諸煩惱毒十五種愛是
貪欲毒五種瞋是瞋恚毒十五種无明是愚
癡毒諸邪見憍慢疑屬无明如是一切結使
皆入三毒以何滅之三分八正道若說三分
八正道當知一切卅七品已說如是等種種
相名為對治門如是等諸法名為蜫勒門云
何名阿毗曇門或佛自說諸法義或佛自說
諸法名諸弟子種種集演其義如佛說若有
比丘於有為法不能正憶念欲得世間第一
法无有是處若不得世間第一法欲入正位
中无有是處若不入正位欲得須陁洹斯陁

中无有是處若不入正位欲得須陁洹斯陁
含阿那含阿羅漢无有是處有比丘於有為
諸法正憶念得世間第一法斷有是處若得
世間第一法入正位入正位得須陁洹斯陁
含阿那含阿羅漢必有是處如佛直說世間
第一法不說相義何界繫何因緣何果報如
是相義種種分別名為阿毗曇從世間第一
法種種聲聞所行法乃至无餘涅槃一一分別
相義如是等是名阿毗曇門空門者衆生空
法空如頻婆娑羅王迎經中佛告大王色生
時但空生色滅時但空滅諸行生時但空生
法時但空滅是中无吾我无人无神无人從
今世至後世除因緣和合名字等衆生凡夫

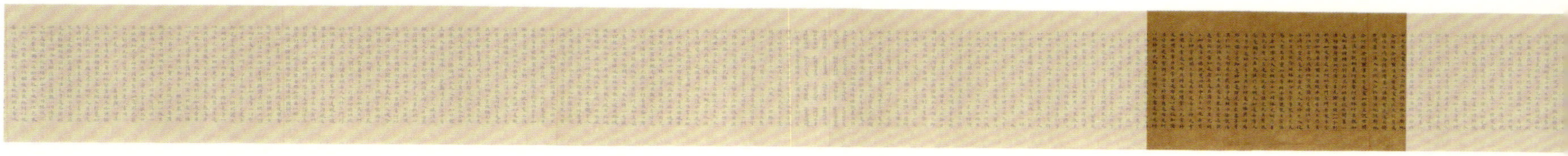

老死若有人言是老死若言誰老死生有取
受愛觸六入名色識行无明亦如是若有人
言身即是神若言身異於神是二雖異同為
耶見佛言身即是神如是耶見非我弟子身
異於神亦是耶見非我弟子是經中佛說法
空若說誰老死當知虛妄是名衆生空若說
是老病死當知是虛妄是名法空乃至无明
亦如是復次佛說梵网經中六十二見若有
人言神常世間亦常是為耶見若言神无常
世間无常是亦耶見神及世間常亦无常神
及世間非常非非常皆是耶見以是故知諸
法皆空是為實問曰若言神常應是耶見何
以故神性无故若言世間常亦應是耶見何
以故世間皆无常顛倒故若有常者言神

BD00428　大智度論（异卷）卷二六

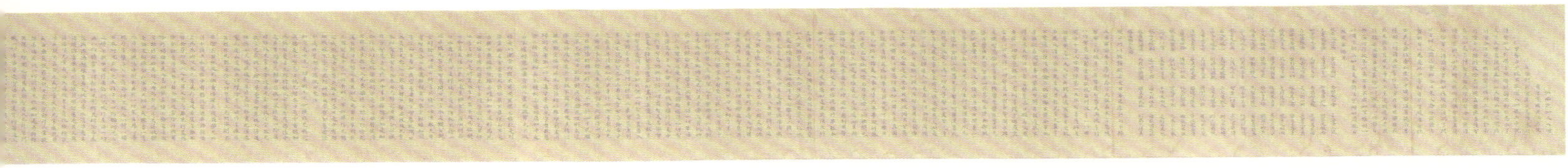

以故神性无故若言世間常亦應是耶見何
以故世間實皆无常顛倒故言有常若言神
无常亦應是耶見何以故神性无故不應言
无常若言世間无常不應見耶見何以故一
切有為法性實皆无常荅曰若一切法實皆
无常佛云何說世間无常是名耶見是故可
知非實是无常問曰佛處處說觀有為法无
常苦空无我令人得道云何言无常墮耶見
荅曰佛處處說无常處處說不滅如摩訶男
釋王來至佛所白佛言是迦毗羅人衆殷多
我或值奔車逸馬狂象鬪人時便失念佛心
是時自念我今若死當生何處佛告摩訶男
汝勿怖勿畏汝是時不生惡趣必至善處辟
如樹常不東向曲若有折者必當東倒善人

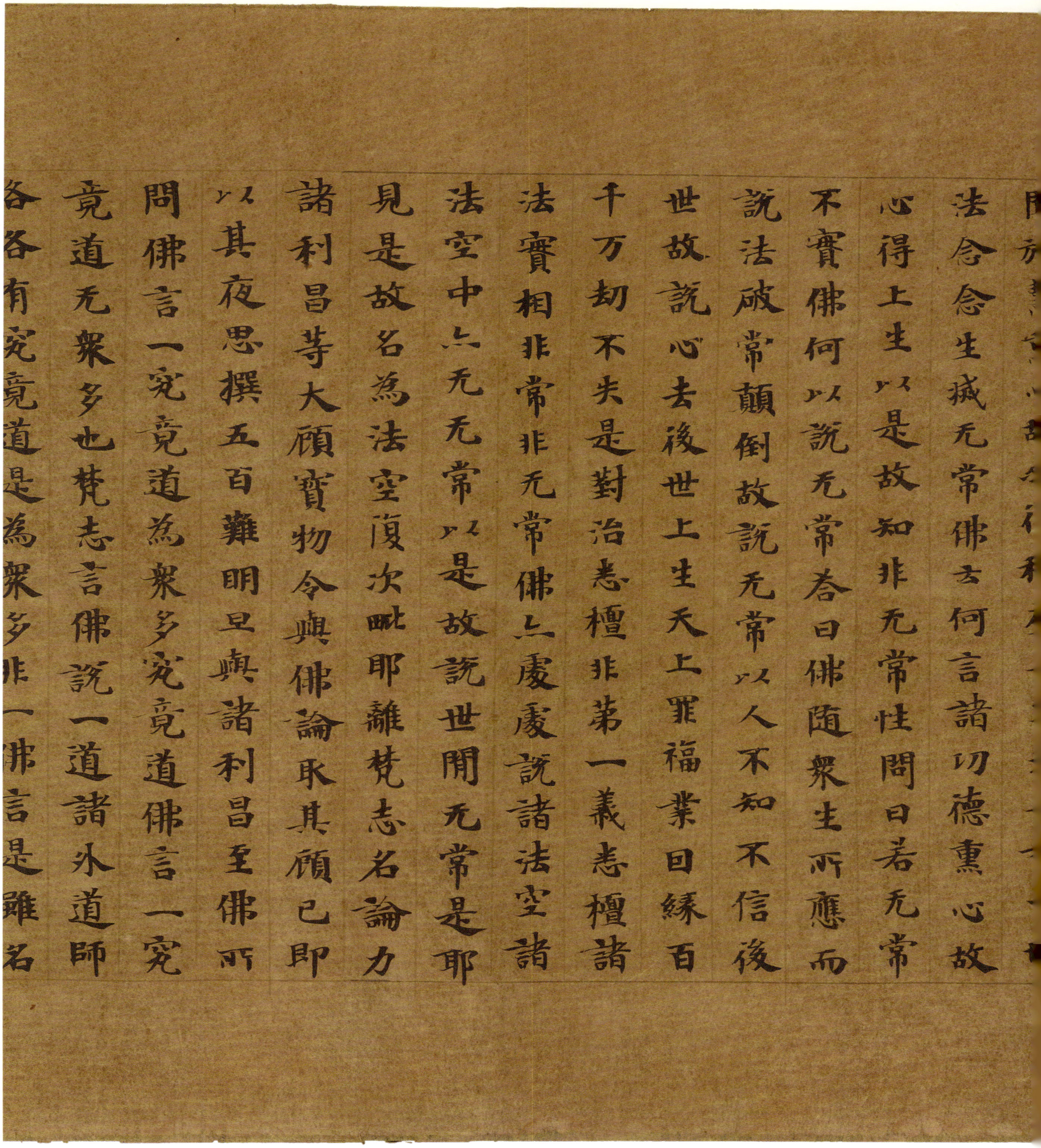

法念念生滅无常佛云何言諸功德熏心故
心得上生以是故知非无常性問曰若无常
不實佛何以說无常荅曰佛隨衆生所應而
說法破常顛倒故說无常以人不知不信後
世故說心去後世上生天上罪福業因緣百
千万劫不失是對治悉檀非第一義悉檀諸
法實相非常非无常佛亦處處說諸法空諸
法空中亦无无常以是故說世間无常是耶
見是故名為法空復次毗耶離梵志名論力
諸利昌等大顧寶物令與佛論取其顧已即
以其夜思撰五百難明旦與諸利昌至佛所
問佛言一究竟道為衆多究竟道佛言一究
竟道无衆多也梵志言佛說一道諸外道師
各各有究竟道是為衆多非一佛言是雖名

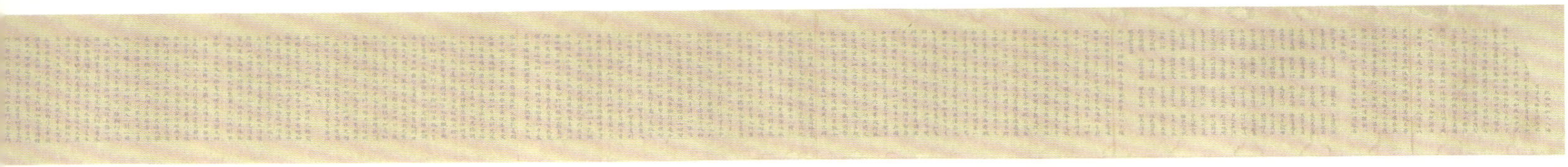

各各有究竟道是為衆多非一佛言是雖名
有衆多皆非實道何以故一切皆以耶見著
故不名究竟道佛問梵志㢘頭梵志得道不
荅曰一切得道中是為第一是時長老㢘頭
梵志比丘在佛後扇佛佛問梵志汝識是比
丘不梵志識之慙愧低頭是時佛說義品偈
各各謂究竟　而各自愛著　各自是非彼　是皆非究竟
是人入論衆　辯明義理曉　各各相是非　勝負懷憂憙
勝者墮憍坑　負者墮憂獄　是故有智者　不墮此二法
論力汝當知　我諸弟子法　无虛亦无實　汝欲何所求
汝欲壞我論　終已无此處　一切智難勝　適足自毀壞
如是等處處聲聞經中說諸法空摩訶衍空
門者一切諸法常空不以智慧方便觀空故

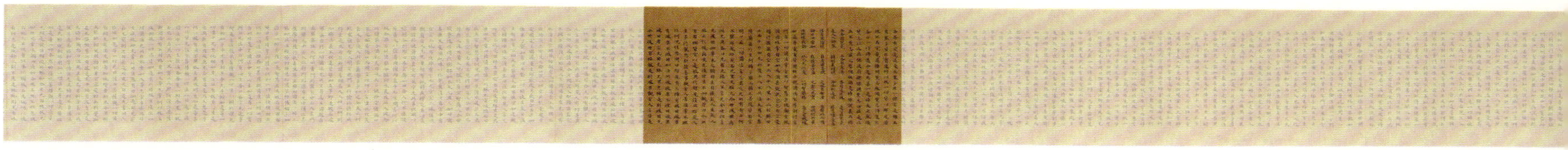

七品十力四无所畏十八不共法大慈大悲
薩婆若乃至阿耨多羅三藐三菩提皆自空
問曰若一切諸法常空真空无所有者云何
不墮耶見耶見名无罪无福无今世後世與
此无異答曰无罪无福人不言无今世但言
无後世如草木之類自生自滅或人生或人
殺止於現在更无後世生不知觀身内外所
有自相皆空以是故異於耶見復次耶見人
生多行衆惡斷諸善事觀空人善法常不欲
作何況作惡問曰耶見有二種有破因破果
有破果不破因如汝所破破果不破因破果
破因者言无因无緣无罪无福是則破因无
今世後世罪福報是則破果觀空人言皆是

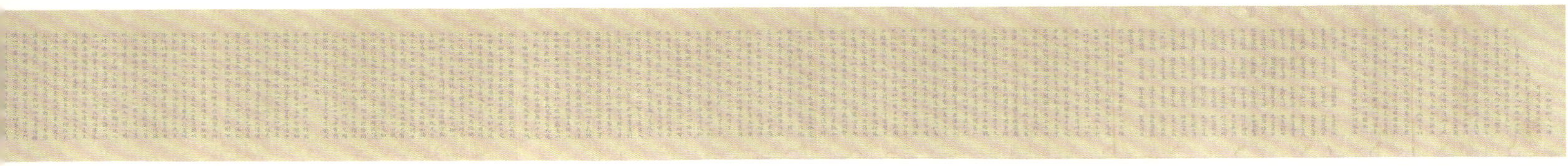

今世後世罪福報是則破果觀空人言皆是
空則罪福因果皆无與此有何等異荅曰耶
見人於諸法斷滅故說空摩訶衍人知真諸
法真空不破不壞問曰是耶見三種一者破
罪福報不破罪福破因緣果報不破因緣破
後世不破今世二者破罪福報亦破罪福破
因果緣報亦破因緣破後世亦破今世不破
一切法三者破一切法皆令无所有觀空人
亦言真空无所有與第三耶見人有何等異
荅曰耶見破諸法令空觀空人知諸法真空
不破不壞復次耶見人言諸法皆空无所有
取諸法空相戲論觀空人知諸法空不取相不
戲論復次耶見人雖口說一切空然於愛處生

生譬如虛空烟火不能燒大雨不能濕如是觀
空種種煩惱不復著其心復次耶見人言无
所有不從受因緣出真空名從受因緣生是為
異四无量心諸清淨法以所緣不實故猶尚不
與真空智慧等何况此耶見復次是見名為
耶見真空見名為正見行耶見人今世名為
弊惡人後世當入地獄行真空智慧人今世
致譽後世得作佛譬如水火之異亦如甘露
毒藥天食須陁味以比臭糞復次真空中有
空空三昧耶空雖有空而无空空三昧復次
觀真空人先无量劫布施持戒禪定其心柔
濡諸結使薄得真空耶見中无此事但欲以
憶想分別耶心取空譬如田舍人初不識鹽

憶想分別耶心取空譬如田舍人初不識鹽
見貴人以鹽著種種肉菜中而食問言何以
故尒語言此鹽能令諸物味美故此人便念
此鹽能令諸物美自味必多便抄空鹽滿口
食之醎苦傷口而問言汝何以言鹽能作美
貴人言癡人此當籌量多少和之令美云何
純食鹽无智人聞空脫門不行諸功德但欲
得空是為耶見斷諸善根若人入此三門則
知佛法義不相違背能知其事即是般若波
羅蜜力於一切諸法无所罣㝵若不得般若
波羅蜜法入阿毗曇門則墮有中若入空門
則墮无中若入蜫勒門則墮有无中復次菩
薩摩訶薩行般若波羅蜜雖知諸法一相亦

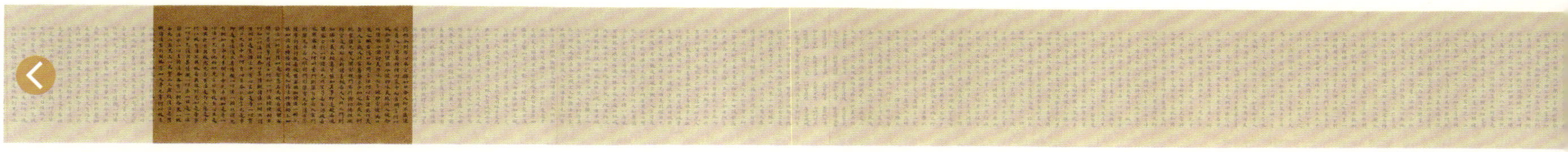

問曰菩薩摩訶薩云何知一切法種種相云
何知一切法一相荅曰菩薩觀諸法一相所謂
有相因是有諸法中有心生如是等一切有
問曰无法中云何有心生荅曰若言无是事
即是有法復次菩薩觀一切法一相所謂无
有相如牛中无羊相羊中无牛相如是等一
切法中无有他相如先言因有故有心生是
法異於有異故應无若有法是馬亦應是牛
何以故有法不異故若異故則无如是等事
一切皆无復次菩薩觀一切法一因是一法
諸法中一心生諸法各各有一相合衆一故
名為二名為三一為實二三虛假復次菩薩
觀諸法有所因故有如人身无常何以故生

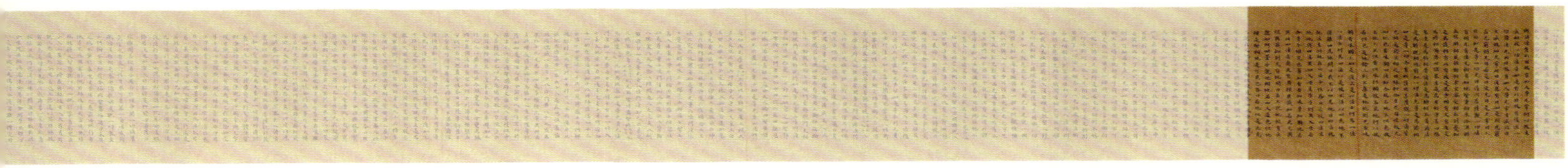

觀諸法有所因故有如人身无常何以故生
滅相故一切法皆如是有所因故有復次一
切諸法无所因故有如人身无常生滅故因
生滅故知无常此因復應有因如是則无窮
若无窮則无因若是因更无因是无常因亦
非因如是等一切无因復次菩薩觀一切法
有相无有法无相者如地堅重相水冷濕相
火熱照相風輕動相虛空容受相分別覺知
是為識相有此有彼是為方相有久有近是
為時相濁惡心惱衆生是為罪相淨善心慜
衆生是為福相著諸法是為縛相不著諸法
是為解脫相現前知一切法无㝵是為佛相
如是等一切各有相復次菩薩觀一切法皆

名地亦不但香但味但觸故名爲地何以故
若但色是地餘三則不應是地地則无香味
觸香味觸亦如是復次是四法云何爲一法
一法云何爲四法以是故不得以四爲地不
得離四爲地問曰我不以四爲地因四法故
地法生此地在四法中住荅曰若從四法生
地地與四法異如父母生子子則異父母若
尒者今眼見色鼻知香舌知味身知觸地若
異此四法者應更有異根異識知若更无異
根異識知則无有地問曰若上說地相有失
應如阿毗曇中說地相地名四大造色但地
種是堅相地是可見色荅曰若地但是色先

種是堅相地是可見色荅曰若地但是色先
已說失又地為堅相但眼見色如水中月鏡中
像草木影則无堅相堅相身根觸知故復次
若眼見色是地堅相是地種水火是可見濕
熱是水火種若尒者風風種亦應分別而不
分別如說何等是風風種何等風種風若是
一物不應作二種荅若是不異者地地種不
應異問曰是四大各各不相離地中有四種
水火風各有四種但地中地多故以地為名
水火風亦如是荅曰不然何以故若火中有
四大應都是熱无不熱火故若三大在火中
不熱則不名為火若熱則捨自性皆名為火
若謂細故不可知則與无无異若有麁可得

得是故一切法皆一相問曰不應言无相何
以故於諸法无相即是相若无无相則不破
一切法相何以故无无相故若有是无相則
不應言一切法无相答曰以无相破諸法相
若无相相有則墮諸法相中若不入諸法相
中則不應難无相皆破諸法相亦自滅相譬
如前火木燃諸薪已亦復自燃是故聖人行
无相无相相三昧破无相故復次菩薩觀一切
法不合不散无色无形无對无示无説一相
所謂无相如是等觀諸法一相云何觀種種
相一切攝入二法中所謂名色色无色可見
不可見有對无對有漏无漏有爲无爲等二
百二法門如千難品中説復次有二法所謂

百二法門如千難品中說復次有二法所謂
忍辱柔和二法親敬供養二施財施法施二
力慧分別力脩道力二具足戒具足正見具足
二相質直相柔濡相二法定智二法明解脱二
法世間法第一義法二法念攻慧二諦世諦
第一義諦二解脱待時解脱不壞心解脱二
種涅槃有餘涅槃无餘涅槃二究竟事究竟
願究竟二見知見斷見二具足義具足語具
足二法少欲知足二法易養易滿二法法隨
行法行二智盡智无生智如是等分別无量
二法門復次知三道見脩道无學道三性斷
性離性瘢性三脩戒脩定脩慧脩三菩提佛
菩提辟支佛菩提聲聞菩提菩提更不復知滿足之名三

增上法愧增上諸佛三不護身業不護口業
不護意業不護三福處布施持戒善心三
器用聞器用離欲器用慧器用三輪神通輪
示他心輪教化輪三解脫門空解脫門无相
解脫門无作解脫門如是等无量三法門復
次知四法四念處四正勤四如意足四聖諦
四聖種四沙門果四知四四信四道四攝法
四依四通達善根四道四天人輪四堅法諸
佛四无所畏四无量心如是等无量四法門
復知五无學衆（五分法身）五出性五解脫處五根五
力五大施五智五阿那含五淨居天處五治
五智三昧五聖分支三昧五如法語道如是
等无量五法門復次六捨法六愛敬法六神

等无量五法門復次六捨法六愛敬法六神
通六種阿羅漢六地見諦道六隨順念六三
昧六定六波羅蜜如是等无量六法門復次
七覺意七財七依止七想定七妙法七智七
善人去處七淨七財福七非財福七助定法
如是等无量七法門復知八正道分八背捨
八勝處八大人念八種精進八大丈夫八阿
羅漢力如是等无量八法門復知九次第定
九臧名色等（名色至生死為九）九无漏智得盡智故（除等九智也）九
无漏道（六禪三无色）九地思惟道如是等无量九法
門復知十无學法十直十想十智十一切入
十善大地佛十力如是等无量十法門復知
十一助聖道法復知十二因緣法復知十三

離地思惟道中一百六十二道在思惟道能
破煩惱賊一百七十八沙門果八十九有為
果八十九无為果如是等種種无量異相法
生滅增長得失垢淨悉能知之盡菩薩摩訶
薩知如是諸法已能令諸法入自性空而於
諸法无所著過聲聞辟支佛地入菩薩位中
入菩薩位中已以大悲憐愍故以方便力分
別諸法種種名字度衆生令得三乘譬如工
巧之人以藥力故能令銀變為金金變為銀
問曰若諸法性真空云何分別諸法種種名
字何以不但說真空性荅曰菩薩摩訶薩不
說空是可得可著若可得可著不應說諸法
種種異相不可得空者无所罣㝵若有罣㝵

種種異相不可得空者无所罣㝵若有罣㝵
是為可得非不可得空若菩薩摩訶薩知不
可得空還能分別諸法憐愍度脫衆生是為
般若波羅蜜力取要言之諸法實相是般若
波羅蜜問曰一切世俗經書及九十六種出
家經中皆說有諸法實相又聲聞法三藏中
亦有諸法實相何以不名般若波羅蜜而此
經中獨名諸法實相為般若波羅蜜荅曰世
俗經書中以安國全家為身命得樂故非實
外道出家蘭耶見法中心愛著故亦是非實
聲聞法中雖有四諦以无常苦空无我觀諸
法實相以智慧不具足不利不能為一切衆
生不為得佛道法故雖有實智慧不名波羅

心時无大願无大慈大悲不求一切諸功德
不供養一切三世十方諸佛不審求知諸法
實相但欲求脫老病死苦故諸菩薩從初發
心知大誓願有大慈大悲求一切諸功德供
養一切三世十方諸佛有大利智求諸法實
相除種種諸觀所謂淨觀不淨觀常觀无常
觀樂觀苦觀空觀實觀我觀无我觀捨如是
等妄見心力諸觀但觀外緣中實相非淨非
不淨非常非非常非樂非苦非空非實非我
非无我如是等諸觀不著不得世俗法故非
第一義周遍清淨不破不壞諸聖人行處是
名般若波羅蜜問曰已知般若體相是无相
无得法行者云何能得是法答曰佛以方便

无得法行者云何能得是法荅曰佛以方便
説法行者如所説行則得辟如絶崖嶮道假
梯能上又如深水因船得度初發心菩薩若
從佛聞若從弟子聞若於經中聞一切法畢
竟空无有决定性可取可著第一實法滅諸
戲論涅槃相是寂安隱我欲度脫一切衆生
云何獨取涅槃我今福德智慧神通力未具
是故不能引導衆生當具足是諸因緣行布
施等五波羅蜜財施因緣故得大富法施因
緣故得大智慧能以此二施引導貧窮衆生
令入三乘道以持戒因緣故生人天尊貴自
脫三悪道亦令衆生勉三悪道以忍因緣故
離瞋恚毒得身色端正威德第一見者歡喜

令世得世福得[illegible]
以是身心破凡夫憍慢令得涅槃以禪定因
緣故破散亂心離五欲罪樂能為衆生說離
欲法禪是般若波羅蜜依止處尒時般若波
羅蜜自然而生如經中說比丘一心專定能觀
諸法實相復次知欲界中多以慳貪罪業閉
諸善門行檀波羅蜜時破是二事開諸善門
欲令常開故行十善道尸波羅蜜未得禪定
智慧未離欲故破尸羅波羅蜜以是故行忍
辱知上三事能開福門又知是福德果報无
常天人中受樂還復墮苦猒是无常福德故
求實相般若波羅蜜是云何當得必以一心
乃至可得如貫龍王寶珠一心觀察能不觸
龍則得貫直閻浮提一心禪定除却五欲五

龍則得貫直閻浮提一心禪定除却五欲五
蓋欲得心樂大用精進是故次忍辱精進說
波羅蜜如經中說行者端身直坐繫念五處
專精求定正使肌骨枯朽終不懈退是故精
進脩禪若有財而施不足為難畏墮惡道忍
失好名持戒忍辱亦不為難以是故上三事
中不說精進今為般若波羅蜜實相從心求
定是事難故應須精進如是行能得波若波
羅蜜問曰皆行五度波羅蜜然後得般若波
羅蜜為行一一波羅蜜得般若波羅蜜耶答
曰諸波羅蜜有二種一者一波羅蜜中相應
脩行具諸波羅蜜二者隨時別行波羅蜜多
者受名辟如四大共合雖不相離以多者為

或因一因二得般若波羅蜜若人發阿耨多
羅三藐三菩提心布施是時求布施相不一
不異非常非无常非有非无等如咸布施中
説因布施實相解一切法亦如是是名因布
施得般若波羅蜜或有持戒不惱衆生心无
有悔若取相生著則起諍競是人雖先不瞋
衆生於法有增愛心故而瞋衆生是故若欲
不惱衆生當行諸法平等若分別是罪是无
罪則非行尸波羅蜜何以故增罪愛不罪心則
自高還墮惱衆生道中是故菩薩觀罪者不
罪者心无增愛如是觀者是爲但行尸羅波
羅蜜得般若波羅蜜菩薩作是念若不得法
忍則不能常忍一切衆生未有逼迫能忍苦

忍則不能常忍一切衆生未有逼迫能忍苦
来切已則不能忍譬如因畏杖楚而就死苦
以是因緣故當生法忍无有打者罵者亦无
受者但從先世顛倒果報因緣故名為受是
時不分別是忍事忍法忍者深入畢竟空故
是名法忍得是法忍常不復惱衆生法忍想
應慧是般若波羅蜜精進常在一切善法中
能成就一切善法若智慧籌量分別諸法通
達法性是時精進助成智慧又知精進實相
離身心如實不動如是精進能生般若波羅
蜜餘精進如幻如夢虛誑不實是故不說若
深心攝念能如實見諸法實相諸法實相者
不可以見聞念知能得何以故六情六塵皆

於阿僧祇劫所得實相智慧以是智慧依禪
定之一心觀諸法實相是名禪定中生般若波
羅蜜或有離五波羅蜜但聞讀誦思惟籌量
通達諸法實相是方便智中生波若波羅蜜
或從二或三四波羅蜜生般若波羅蜜如聞
說一諦而成道果或聞二三四諦而得道果
有人於苦諦多或故為說苦諦而得道餘三
諦亦如是或有都惑四諦故為說四諦而得
道如佛語比丘汝若能斷貪欲我保汝得阿
那含道若斷貪欲恚癡亦斷六波羅蜜中亦
如是為破多慳貪故說布施法當知餘惡亦
破為破雜雜惡故具為說六是故或一一行
或合行普為一切人故說六波羅蜜非為一

或合行普為一切人故說六波羅蜜非為一
人復次若菩薩不行一切法不得一切法故
得般若波羅蜜所以者何諸行皆虛妄不實
或近有過或遠有過如不善法近有過罪善
人法久後變異時著者能生憂苦是遠有過
罪辟如美食惡食俱有雜毒食惡食即時不
悅美食即時甘悅久後俱奪命故二不應食
善惡諸行亦復如是問曰若尒者佛何以說
三行梵行天行聖行答曰行无行故名為聖
行何以故一切聖行中不離三解脫門梵行
天行中因取衆生相故生雖行時无過後皆
有過又即令所求實皆是虛妄若賢聖以无
著心行此二行則无咎若能如是行无行法

得般若中說色等法非以空故空從本以來
常自空色等法不以智慧不及故无所得從
本以來常自无所得是故不應問曰行般波
羅蜜得般若波羅蜜諸佛憐愍衆生隨俗故
說行非第一義問曰若无所得无所行行者
何以求之答曰无所得有二種一者世間欲
有所求不如意是无所得二者諸法實相中
决定相不可得故名无所得非无有福德智
慧增益善根如凡夫人分別世間法故有所
得諸善功德亦如是隨世間心故說有所得
諸佛心中則无所得是略說般若波羅蜜義
後當廣說

大智度經論卷第廿六

後當廣説

大智度經卷第廿六

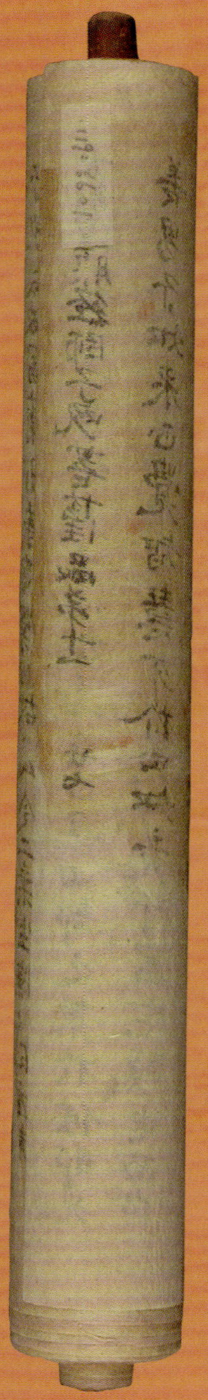

# BD00429 大般涅槃經（北本）鈔（擬）

918.7cm × 28.3cm

# 大般涅槃經師子吼菩薩品第十一　廿七

善男子如來正覺智慧牙爪四如意
足之身十力雄猛大悲為尾安住四禪清淨窟宅為諸
衆生而師子吼摧破魔軍示衆十力開佛行處為諸耶
見作歸依所安撫生死怖畏之衆惺悟无明眠睡衆生
行惡法者為作悔心開示耶見一切衆生令知六師非師
子吼故破富蘭那等憍慢心故為令二乘生悔心故為教五
住諸菩薩等生大力心故為令正見四部之衆於彼耶見
四部徒衆不生怖畏故從聖行梵行天行窟宅頻申而出
為欲令彼諸衆生等破憍慢故欠去為令諸衆生等生善
法故四向顧望為令衆生得四无㝵故四足據地為令衆生

緣覺雖復逐如来世尊无量百千阿僧秖劫而亦不能
作師子吼十住菩薩若能脩行是三行處當知是則能
師子吼諸善男子是師子吼菩薩摩訶薩今欲如是大
師子吼是故汝等應當深心供養恭敬尊重讚嘆尒時
世尊告師子吼菩薩摩訶薩言善男子汝若欲問今
可隨意師子吼菩薩摩訶薩白佛言世尊云何為佛性
以何義故名為佛性何故復名常樂我淨若一切衆生有
佛性者何故不見一切衆生所有佛性十住菩薩住何等
法不了了見佛住何法而了了見十住菩薩以何等眼不了了
見佛以何眼而了了見佛言善男子善哉善哉若有人能
為法諮啟則為具足二種莊嚴一者智慧二者福德若有菩
薩具足如是二莊嚴者則知佛性亦復解知名為佛性乃至
能知十住菩薩以何眼見諸佛世尊以何眼見師子吼菩薩言

BD00429　大般涅槃經（北本）鈔（擬）

薩具足知是二莊嚴者則知佛性亦復解知名為佛性乃至
能知十住菩薩以何眼見諸佛世尊以何眼見師子吼菩薩言
世尊云何名為智慧莊嚴云何名為福德莊嚴善男子慧莊
嚴者謂從一地乃至十地是名慧莊嚴福德莊嚴者謂檀波
羅蜜乃至般若非般若波羅蜜復次善男子慧莊嚴者所
謂諸佛菩薩福德莊嚴者謂聲聞緣覺九住菩薩復次善
男子福德莊嚴者有為有漏有有果報有导非常是凡夫
法慧莊嚴者无為无漏无有无果報无导常住善男子
汝今具足是二莊嚴是故能問甚深妙義我亦具足是
二莊嚴能荅是義師子吼菩薩摩訶薩言世尊若有菩薩
具足知是二莊嚴者則不應問一種二種云何世尊說言能荅
一種二種所以者何一切諸法无一二種一種二種者是凡夫相佛言善
男子若有菩薩无二種莊嚴則不能知一種二種若有菩薩具二
莊嚴則能解知一種二種若言諸法无一二者是義不然何以故

生死何故一者名為涅槃以其常故何故二者名為生死愛无明
故常涅槃者非凡夫相生死二者亦非凡夫相以是義故具二悉
者能問能答善男子汝問云何為佛性者諦聽諦聽吾當為
汝分別解說善男子佛性者名第一義空第一義空名為智
慧所言空者不見空與不空智者見空及與不空常與
无常苦之與樂我與无我空者一切生死不空者謂大涅槃
乃至无我者即是生死我者謂大涅槃見一切空不見不空
不名中道乃至見一切无我不見我者不名中道中道者名為
佛性以是義故佛性常恒无有變易无明覆故令諸眾生不能
得見聲聞緣覺見一切空不見不空乃至見一切无我不見於
我以是義故不得第一義空不得第一義空故不行中道无中道
故不見佛性　眾生亦尒悉皆有心凡有心者定當得成阿耨多
羅三藐三菩提以是義故我常宣說一切眾生悉有佛性善男
子畢竟有二種一者莊嚴畢竟二者究竟畢竟一者世間畢竟

羅三藐三菩提以是義故我常宣說一切衆生悉有佛性善男
子畢竟有二種一者莊嚴畢竟二者究竟畢竟一者世間畢竟
二者出世間畢竟莊嚴畢竟者六波羅蜜究竟畢竟者一
切衆生所得一乘一乘者名為佛性以是義故我說一切衆生悉
有佛性一切衆生悉有一乘以无明覆故不能得見善男子如欝
單曰卅三天果報覆故此間衆生不能得見佛性亦尒諸結覆
故衆生不見復次善男子佛性者即首楞嚴三昧性如醍醐即是
一切諸佛之母以首楞嚴三昧力故而令諸佛常樂我淨一切衆生
悉有首楞嚴三昧以不脩行故不得見是故不能得成阿耨多
羅三藐三菩提善男子首楞嚴三昧者有五種名一者首楞嚴
三昧二者般若波羅蜜三者金剛三昧四者師子吼三昧五者佛性

隨其所作處處得名善男子如一三昧得種種名如禪名四禪根
名定根力名定力覺名定覺正名正定八大人覺名為定覺首
楞嚴定亦復如是

善男子少欲知足復有二種一者善二者不善

大乘大涅槃經欲見佛性是故脩集少欲知足云何寂靜寂
靜有二一者心靜二者身靜身寂靜者終不造作身三種惡心
寂靜者亦不造作意三種惡是則名為身心寂靜身寂
靜者不親近四眾不豫四眾所有事業心寂靜者終不脩集
貪欲恚癡是則名為身心寂靜或有比丘身雖寂靜心不
寂靜有心寂靜身不寂靜有身心寂靜又有身心俱不寂
靜者或有比丘坐禪靜處遠離四眾心常積聚貪恚瞋癡
是名身寂靜心不寂靜心寂靜身不靜者或有比丘親近四
眾國王大臣斷貪恚癡是名心靜身不寂靜身心寂靜者
謂佛菩薩身心不寂靜者諸凡夫何以故凡夫之人身心雖靜不
能深觀无常无樂无我无淨以是義故凡夫之人不能寂靜
身口意業一闡提輩犯四重禁作五逆罪如是之人亦不得名
身心寂靜云何精進若有比丘欲令身口意業清淨遠離一切諸
不善業脩集一切諸善業者是名精進是懃進者繫念六度

BD00429　大般涅槃經（北本）鈔（擬）

不善業脩集一切諸善業者是名精進是懃進者繫念六度
所謂佛法僧戒施天是名正念具正念者所得三昧是名正定具
正定者觀見諸法猶如虛空是名正慧具正慧者遠離一切煩惱
諸結是名解脫得解脫者爲諸衆生稱美解脫言是解脫常
恒不變是名讚嘆解脫即是无上大般涅槃涅槃者即是煩
惱諸結火滅又涅槃者名爲屋宅　善男子如汝所問十住菩薩
以何眼故雖見佛性而不明了諸佛世尊以何眼故見於佛性而得
明了善男子慧眼見故不得明了佛眼見故故得明了爲菩提
行故則不了了若无行故則得了了住十住故雖見不了了不住
不去故則得了了菩薩摩訶薩智慧因故見不了了諸佛
世尊斷因果故見則了了一切覺者名爲佛性十住菩薩不
得名爲一切覺故是故雖見而不明了善男子見有二種一
者眼見二者聞見諸佛世尊眼見佛性如於掌中觀阿摩勒
菓十住菩薩聞見佛性故不了了十住菩薩唯能自知定得阿

善男子復有眼見諸佛如来十住菩薩眼見佛性復
有聞見一切衆生乃至九地聞見佛性菩薩若聞一
切衆生悉有佛性心不生信不名聞見若有善男子
善女人欲見如来應當脩習十二部經受持讀誦書
寫解說師子孔菩薩摩訶薩言世尊一切衆生不
能得知如来心相當云何觀而得知耶善男子一切衆
生實不能知如来心相若欲觀察而得知者有二因緣
一者眼見二者聞見若見如来所有身業當知是則爲如
来也是名眼見若觀如来所有口業當知是則爲如来也
是名聞見若見色貌一切衆生无與等者當知是則爲如
来也是名眼見若聞音聲微妙最勝不同衆生所有
音聲當知是則爲如来也是名聞見若見如来所作神
通爲爲衆生爲爲利養若爲衆生不爲利養當知是

音聲當知是則為如來也是名聞見若見如來所作神
通為為衆生為為利養若為衆生不為利養當知是
則為如來也是名眼見若觀如來以他心智觀衆生時為利
養說為衆生說若為衆生不為利養當知是則為如來
也是名聞見云何如來而受是身何故受身為誰受身是
名眼見若觀如來云何說法何故說法為誰說法是名聞
見以身惡業加之不瞋當知是則為如來也是名眼見
凡有所說不自言師不言弟子是名中道說不為利養
不得果是名中道心語實語時語真語言不虛發徵
妙第一如是等法是名聞見善男子如來心相實不可見若
有善男子善女人欲見如來應當依是二種因緣尒時師
子吼菩薩摩訶薩白佛言世尊如先所說菴羅菓喻
四種人等有人行細心不正實有人心細行不正實有人
心細行亦正實有人心不細行不正實是為二種云何可

住住若不知當與久處久處不知當以智慧智若不知當深
觀察以觀察故則知持戒及以破戒善男子共是四事共住久
處智慧觀察後然得智持戒破戒善男子戒有二種持
者名二一究竟戒二不究竟有人以因緣故受持禁戒智者
當觀是人持戒為為利養為究竟持善男子如来戒
者无有因緣是故得名為究竟戒以是義故菩薩雖
為諸惡衆生之所傷害不生恚等是故如来得名成就畢
竟持戒善男子我昔一時與舍利弗及五百弟
子俱共心住摩伽陁國膽婆大城時有獵師逐一鴿是
鴿惶怖至舍利弗影猶故戰慄如芭蕉樹至我影中身心安
隱恐怖得除是故當知如来世尊畢竟持戒乃至身影
猶有是力善男子不究竟戒尚不能得聲聞緣覺何況

BD00429　大般涅槃經（北本）鈔（擬）

開示性持是故當知如來世尊畢竟持戒乃至身景
猶有是力善男子不究竟戒尚不能得聲聞緣覺何況
能得阿耨多羅三藐三菩提
善男子性能持者眼見佛性及以如來亦名聞見戒復有
二一聲聞戒二菩薩戒從初發心乃至得成阿耨多羅三藐
三菩提是名菩薩戒若觀白骨乃至證得阿羅漢果是名
聲聞戒若有受持聲聞戒者當知是人不見佛性及以如來
若有受持菩薩戒者當知是人得阿耨多羅三藐三菩提能
見佛性如來涅槃師子吼菩薩言世尊何因緣故受持禁
戒佛言善男子為心不悔故何故不悔為受樂故何故受樂
為遠離故何故遠離為安隱故何故安隱為禪定故為實知見
故何故實知見為見生死諸過患故何故為見生死過患為
心不貪著故何故心不貪著為得解脫故何故解脫為得无
上大般涅槃經可文為尋心文涅槃[illegible]

見佛性故是故菩薩性自能持究竟淨戒　善男子一切諸
法悉无有我而此涅槃真實有我以是義故涅槃无因
而體是果是因非果名為佛性非因生故是因非果非沙
門果故名非果何故名因以了因故善男子因有二種一者
生因二者了因能生法者是名生因燈能了物故名了因
煩惱諸結是名生因眾生父母是名了因如穀子等是
是名生因地水糞等是名了因復有生因謂六波羅蜜
阿耨多羅三藐三菩提復有了因所謂佛性阿耨多羅三藐
三菩提復有了因謂六波羅蜜佛性復有生因謂首楞嚴三
昧阿耨多羅三藐三菩薩復有了因謂八正道阿耨多羅三
藐三菩提復有生因所謂信心六波羅蜜師子吼菩薩言世
尊如佛所說見於如來及以佛性是義云何世尊如來之身
无有相根非長非短非白非黑无有方所不在三界非有為相

尊如佛所說見於如來及以佛性是義云何世尊如來之身
无有相貌非長非短非白非黑无有方所不在三界非有爲相
非眼識識云何了見佛性亦尒佛言善男子佛身二種一者常二
者无常无常者爲欲度脫一切衆生方便示現是名眼見常
者如來世尊解脫之身亦名眼見亦名聞見佛性亦二一者可
見二不可見可見者十住菩薩諸佛世尊不可見一切衆生眼
見者諸十住菩薩諸佛如來眼見衆生所謂佛性聞見者一切
衆生九住菩薩聞有佛性如來之身復有二種一者是色二者非
色色者如來解脫非色者如來永斷諸色相故佛性二種一者是
色二者非色色者阿耨多羅三藐三菩提非色者凡夫乃至十住
菩薩十住菩薩見不了了故名非色善男子佛性者復有二種
一者是色二者非色色者謂佛菩薩非色者一切衆生色者名爲
眼見非色者名爲聞見佛性者非內非外雖非內外然不失壞

說言佛性非内非外　若諸衆生有佛性者何因緣故一闡提
等斷諸善根墮于地獄若菩提心是佛性者一闡等不應能斷
者云何得言佛性是常若非常者不名佛性若諸衆生有佛
性者何故名爲初發心耶云何而言是毗跋致何毗跋致毗跋
致者當知是人无有佛性　佛言善哉善哉善男子汝已知
佛性之義爲衆生故作如是問一切衆生實有佛性汝言衆生
若有佛性不應而有初發心者善男子心非佛性何以故心是
无常佛性常故汝言何故有退心者實无退心心若有退終
不能得阿耨多羅三藐三菩以遲得故名之爲退此菩
提心實非佛性何以故一闡提等斷於善根墮地獄故若菩提心
是佛性者一闡提輩則不得名一闡提也菩提之心亦不得名爲无
常也是故定知菩提之心實非佛性　汝言衆生悉有佛性何
故不見者是義不然何以故以諸因緣未和合故善男子以是義

故不見者是義不然何以故以諸因緣未和合故善男子以是義
故我說二因正因緣因正因者名爲佛性緣因者發菩提心以
二因緣得阿耨多羅三藐三菩提如石出金善男子汝言僧
常一切衆生无佛性者善男子僧名和合和合有二者世和合
二者第一義和合世和合者名聲聞僧義和合者名菩薩僧世
僧无常佛性是常如佛性常義僧亦介復次有僧謂法和合
法和合者謂十二部經十二部經常是故我說法僧是常善男
子僧名和合和合者名十二因緣十二緣中亦有佛性十二緣常
佛性亦介是故我說僧有佛性又復僧者諸佛和合是故我說
僧有佛性　今我常聞十二部經受持讀誦書寫解說若爲衆生
所有宣說願令受者敬信无疑常於我所不生惡心寧當少
聞多解義味不願多聞於義不了願作心師不師於心身口意
業不與惡交能施一切衆生安樂身戒心慧不動如山爲欲受

生方俗之言讀誦書寫十二部經不生懈怠懶墮之心若諸衆
生不樂聽聞方便引接令彼樂聞言常柔濡口不宣惡不和
合衆能令和合有憂怖者令離憂怖飢饉之世令得豐足
疾病之世作大醫王病藥所須財寶自在令疾病者悉得除
愈刀兵之劫有大力勢斷其殘害令无遺餘能斷衆生種種
怖畏所謂若死閉繫打擲水火王賊貧窮破戒惡名惡道如
是等畏悉當斷之父母師長深生恭敬怨憎之中生大慈心常脩六
念空三昧門十二因緣生滅等觀出息入息天行梵行及以聖
行金剛三昧首楞嚴定无三寶處令我自得寂靜之心若其
身心受大苦時莫失无上菩提之心莫以聲聞辟支佛心而
生知足无三寶處常在外道法中出家為破邪見不習其道得
法自在得心自在於有為法了了見過令我怖畏二乘道果如
惜命者怖畏捨身為衆生故樂受三惡如諸衆生樂忉利天為
一一人於无量劫受地獄苦心不生悔見他得利不生嫉心常生歡喜

BD00429　大般涅槃經（北本）鈔（擬）

一人於无量劫受地獄苦心不生悔見他得利不生嫉心常生歡喜
如自得樂若值三寶當以衣服飲食卧具房舍醫藥燈明華
香伎樂幡蓋七寶供養若受佛戒堅固護持終不生於毀犯之
想若聞菩薩難行苦行其心歡喜不生悔恨自識往世宿
命之事終不造作貪嗔癡業不為果報而集因緣於現
在樂不生貪著善男子若有能發如是願者是名菩
薩終不退失菩提之心亦名施主能見如來明了佛性
能調衆生度脫生死善能護持无上正法能得具足
六波羅蜜善男子以是義故不退之心不名佛性

大般涅槃經卷第廿九要略

善男子如地堅性火熱性水濕性風動性而地堅性乃至
風性非因緣作其性自尒知四大性煩惱亦尒性自是

畢竟滅若性滅者云何而言智慧能滅若言智慧能
破煩惱如火燒物是義不然何以故如火燒物則有遺
燼智慧若尒應有餘燼善男子一切諸法性若自空
誰能令生誰能令滅生異滅異无造作者善男子若
脩習空則得如是正智正見以是義故我經中說若有
比丘脩集空者能見五陰出滅之想善男子菩薩摩訶
脩是二法四倒暴風不能吹動如須彌山雖爲四風之所吹鼓
不能令動不爲外道耶師所扶如帝釋幢不可移轉衆耶
異術不能誑惑常受微妙第一安樂能解如來深祕密義
受樂不欣逢苦不戚諸天世人恭敬讚嘆明見生死及非
生死善能了知法界法性身有常樂我淨之法是則名
爲大涅槃樂
善男子空相者名空三昧慧相者名无

爲大涅槃樂　　善男子定相者名空三昧慧相者名无
願三昧捨相者名无相三昧善男子若有菩薩摩訶薩
善知定時慧時捨時及知非時是名菩薩摩訶薩行菩
提道師子吼言世尊云何菩薩知時非時善男子菩薩摩
訶薩因於受樂生大憍慢或因說法而生憍慢或因精
懃而生憍慢或因解義善問荅時而生憍慢或因親近惡
知識故而生憍慢或因布施所重之物而生憍慢或因世間
善法功德而生憍慢或因世間豪貴之人所恭敬故而生
憍慢當知尒時不宜脩智宜應脩定是名菩薩知時非
時若有菩薩懃脩精進未得利益涅槃之樂以不得故
生於悔心以鈍根故不能調伏五情諸根諸結煩惱勢力盛
故自疑戒律有羸損故當知尒時不宜脩定宜應脩智是
名菩薩知時非時善男子若有菩薩定慧二法不平等者

不宜脩捨宜應讀誦書寫解說十二部經念佛念法念僧
念戒念天念捨是名脩捨善男子若有菩薩脩集如是
三法相者以是因緣得无相涅槃師子乳言世尊无十相
故名大涅槃為无相者復以何緣名為无生无出无作屋宅
洲歸安隱滅度涅槃寂靜无諸病苦无所有耶佛言善
男子无因緣故故名无生以无為故故名无出无造業故
故名无作不入五見故名屋宅離四暴水故名為洲調衆生
故故名歸依壞結賊故故名安隱諸結火滅故名滅度離覺觀
故故名涅槃遠憒鬧故名為寂靜永斷必死故名无病一切无故
名无所有善男子若菩薩摩訶薩作是觀時即得明了見
於佛性師子乳言世尊菩薩摩訶薩成就幾法能見如是无相
涅槃至无所有佛言善男子菩薩摩訶薩成就十法則能明
見涅槃无相至无所有何等十一者信心具足云何名為信心具足深
信佛法衆僧是常十方諸佛方便示現一切衆生及一闡提悉有

信佛法眾僧是常十方諸佛方便示現一切眾生及一闡提悉有
佛性不信如來生老病死及脩苦行提婆達多真實破僧
出佛身血如來畢竟入於涅槃正法滅盡是名菩薩信心
具足二者淨戒具足云何名為淨戒具足善男子若有菩
薩自言戒淨雖不與彼女人和合見女人時或共嘲調言
語戲咲如是菩薩成就欲法毀破淨戒汙辱梵行令戒
雜穢不得名為淨戒具足復有菩薩自言戒淨雖不與彼
女人身合嘲調戲咲於壁鄣外遙聞女人瓔珞環釧種種諸
聲心生愛著如是菩薩成就欲法毀破淨戒汙辱梵行
令戒雜穢不得名為淨戒具足復有菩薩自言戒淨雖
復不與女人和合言語嘲調聽其音聲然見男子隨逐
女時或見女人隨逐男時便生貪著如是菩薩成就欲法
毀破淨戒汙辱梵行令戒雜穢不得名為淨戒具足復有
菩薩自言戒淨雖復不與女人和合言語嘲調聽

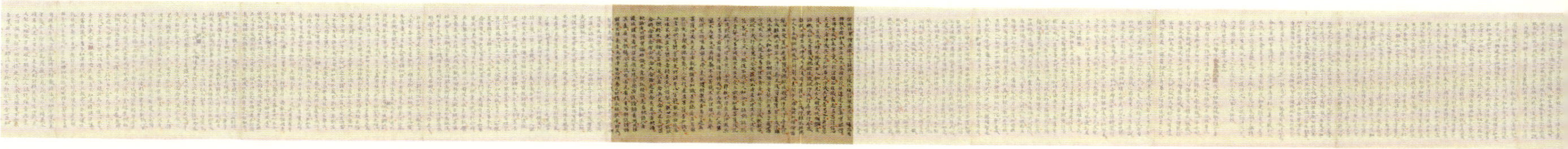

足善男子若有菩薩清淨持戒而不爲戒不爲尸波羅
蜜不爲衆生不爲利養不爲菩提不爲涅槃不爲聲
聞辟支佛唯爲寂上第一義故護持禁戒善男子是名
菩薩淨戒具足三者親近諸善知識善知識者若有能
說信戒多聞布施智慧令人受行是名菩薩善知識也
四者樂於寂靜寂靜者所謂身心寂靜觀察諸法甚
深法界是名寂靜五者精進精進者所謂繫心觀四諦設頭
火燃終不施捨是名精進六者念具足念具足者所謂
念佛念法念僧念戒念天念捨是名念具足七者軟語
軟語者所謂實語妙語先意問訊時語是名軟語八者
護法護法者所謂愛樂正法常樂演說讀誦書寫思惟
其義廣宣敷楊令其流布若見有人書寫解說讀誦
讚歎思惟義者爲求資生而供養之所謂衣服飲食卧具

讚歎思惟義者爲求資生而供養之所謂衣服飲食卧具
醫藥爲護法故不惜身命是名護法九者菩薩摩訶
薩有見同學同戒有所乏少轉從他乞熏鉢染衣瞻病
所須衣服飲食卧具房舍而供給之十者具足智慧智慧
者所謂觀於如來常樂我淨一切衆生悉有佛性觀法二相
所謂空不空常无常樂无樂我无我淨不淨異法可斷異法
不可斷異法從緣生異法從緣見異法從緣果異法非緣果
是名具足智慧善男子是名菩薩具足十法則能明見
涅槃无相世尊若善果不可盡者謗方等經犯五逆罪四
重禁一闡提罪云何可盡若不可盡云何能得見於佛性阿
耨多羅三藐三菩提佛言善哉善哉善男子唯有二人能
得无量无邊功德不可稱計不可宣說能竭生死駛流
累河降魔怨敵摧魔勝幢能轉如來无上法輪一者善

業有輕有重輕重二業復各有二一決定二不定善男子我
念往昔生南天竺富單那城婆羅門家是時有王名迦羅
富其性暴惡憍慢自大年壯色美耽著五欲我於尒時
為度眾生在彼城外寂然禪思尒時彼王春木華敷與
其眷屬宮人綵女出城遊觀在樹林下五欲自娛其諸
綵女捨王遊戲遂至我所我時欲為斷彼貪故而為說法
時王尋來即見我時便生惡心而問我言汝今已得羅漢果
耶我言不得復言得不還果耶我言不得復作是言
汝今若未得是二果則為具足貪欲煩惱云何自恣觀我女
人我即荅言大王當知我今雖未斷貪欲結然其內心實
无貪著王言癡人世有諸仙服氣食菓見色猶貪況汝盛
年未斷貪欲云何見色而當不著我言大王見色不著實不
因於服氣食菓皆由繫心无常不淨王言若有輕他而生誹謗

因於服氣食藥皆由繫心无常不淨王言若有輕他而生誹謗
云何得名脩治淨戒我言大王若有妬心則有誹謗我无妬心
云何言謗王言大德云何名戒大王忍名為戒王言若忍是戒
者當截汝耳若能忍者知汝持戒即截其耳時我被截顏
容不變時王羣臣見是事已即諫王言如是大士不應加
害王告諸臣汝等云何知是大士諸臣答言見受苦時容
色不變王復語言我當更試知變不變即劓其鼻削其
手足尒時菩薩已於无量无邊世中脩習慈悲愍苦衆生
時四天王心懷瞋忿雨沙礫石王見是已心大怖畏復至我所
長跪而言唯願哀愍聽我懺悔我言大王我心无瞋亦如无
貪王言大德云何得知心无瞋恨我即立誓我若真實无瞋
恨者令我此身平復如故發是願已身即平復是名菩薩摩
訶薩誠現世報佛言一切衆生凡有二種一有智二愚癡若能脩集

脩戒不調心故名不脩心不脩聖行名不脩慧復次不脩身者不能
具足清淨戒體不脩戒者受畜八種不淨之物不脩心者不能脩
集三種相故不脩慧者不脩梵行故復次不脩身者不能觀身
不能觀色及觀色相不觀身相不知身數不知是身從此到彼
於非身中而生身相於非色中而作色相是故貪著我身
數名不脩身不脩戒者若受下戒不名脩戒受持邊戒爲自
利戒爲自調戒不能普爲安樂衆生非爲護持无上正法爲生天
上受五欲樂不名脩戒不脩心者若心散亂不能專一自守覺界
自境界者謂念處他境界者謂五欲也若不能脩四念處
者名不脩心於惡業中不善護心名不脩慧復次不脩身
者不能深觀是身无常无住危脆念念滅壞是魔境
界不脩戒者不能具足尸波羅蜜不脩心者不能具足禪
波羅蜜不脩慧者不能具足般若波羅蜜復次不脩身

波羅蜜不脩慧者不能具足般若波羅蜜復次不脩身
者貪著我身及我所身我身常恒无有變易不脩
戒者為自身故作十惡業不脩心者於惡業中不能攝心不
脩慧者以不攝心不能分別善惡等法復次不脩身者不
斷我見不脩戒者不斷我取不脩心者作貪瞋業趣向
地獄不脩慧者不斷癡心復次不脩身者不能觀身雖
無過咎而常是惡善男子辟如男子有惡常逐伺求
其便智者覺已繫心慎護若不慎護則為其害一切眾生
身亦如是常以飲食溫暖將養若不如是將護守慎
即當散壞善男子如婆羅門奉事火天常以香華讚嘆
礼拜供養承事其滿百年若一角時尋燒人手是火雖
師子吼言世尊何等人能轉地獄報現世輕受善男子若

脩集者是名智者如是之人則能脩集身戒心慧是
人能令地獄果報現世輕受是人設作極重惡業
思惟觀察能令輕微作是念言我業雖重不如善
善業辟如疊華雖復百斤終不能歒真金一兩如
恒河中投一升鹽水无醎味飲者不覺如臣冨者雖
多負人千万寶物无能繫縛令其受苦如大香象能
壞鐵鏁自在而去智慧之人亦復如是常思惟言
我善力多惡業羸弱我能發露懺悔除惡能脩
智慧智慧力多无明力少如是念已親近善友脩集正
見受持讀誦書寫解說十二部經見有受持讀誦
書寫解脫之者心生恭敬兼以衣食房舍卧具病藥
華香而供養之讚嘆尊重所至到處稱說其善不
說其短供養三寶敬信方等大涅槃經如來常恒

說其掘供養三寶敬信方等大涅槃經如來常恒
无有變易一切衆生悉有佛性是人能令地獄重報
現世輕受善男子以是義故非一切業悉有定果亦
非一切衆生定受
復次須菩提菩薩摩訶薩摩訶
衍所謂十念何等十念佛念法念僧念戒念捨念天念善
念出入息念身念死以不可得故須菩提是名菩薩摩
訶薩摩訶衍以不可得故

大般涅槃經卷第廿

善男子我於一時住毗舍離菴羅林間時菴羅女知我
在中欲來我所我於尒時告諸比丘當觀念處善循
智慧隨所循集心莫放逸云何名爲觀於念處若有
比丘觀察内身不見於我及以我所觀察外身及内
外身不見於我及以我所觀受心法亦復如是是名念處云

念法念僧念戒念捨念天是名比丘心不放逸時菴羅女
即至我所頭面作禮右遶三匝脩敬已畢却坐一面善男子
我於尒時為菴羅女如應說法是女聞已發阿耨多
羅三藐三菩提心時彼城中有梨車子其數五百来至我
所頭面作禮右遶三匝脩敬已畢却住一面我時復為諸
梨車子如應說法諸善男子夫放逸者有五事果何等
為五一不得自在財利二惡名流布无外三者不樂惠施窮
之四不樂見於四衆五不得諸天之身諸善男子曰不放逸
能生世法出世間法若有欲得阿耨多羅三藐三菩提者
應當懃脩不放逸法夫放逸者復得十三果報何等十三
一樂為世間作業二樂說无益之言三常樂久寢睡眠四樂
說世間事五常樂親近惡友六懈怠懶墯七常為他人
所輕八雖有所聞尋復忘失九樂處邊地十不能調伏諸根

所輕八難有所聞尋復忘失九樂處邊地十不能調伏諸根
十一食不知足十二不樂空寂十三所見不正是名十三善男子
夫放逸者雖得近佛及佛弟子猶故為遠諸梨車言我
等自知是故放逸何以故如其我等不放逸者如來法
王當出我土時大會中有婆羅門子名曰无勝語諸梨車
善哉善哉如汝所言頻婆娑羅王已獲大利如來世尊出
其國土猶如大池生妙蓮華雖生在水水不能汙諸梨車
子佛亦如是雖生彼國不為世法之所滯㝵諸佛世尊无
出无入為衆生故出現於世不為世法之所滯㝵仁等自
迷耽荒五欲不知親近住如來所是故名為放逸之
人非佛出於摩伽陁國名放逸也何以故如來世尊猶
彼日月非為一人二人出世時諸梨車聞是語已尋發
阿耨多羅三藐三菩提心復作是言善哉善哉无勝
童子快說如是善妙之言若不能得隨意作者當

識亦復如是六師如來世尊永斷色縛乃至識縛是
故名為常樂我淨復次色者即是因緣者則名无我
无我者名為苦空知來之身非是因緣非因緣故則
名有我有我者即常樂淨　若言我者則是如來
何以故身无邊故无疑網故不作不受故名為常不生
不滅故名為樂无煩惱垢故名為淨无有十相故名為
空是故如來常樂我淨空无諸相諸外道言若言如
來常樂我淨无相故空當知瞿曇所說之法則非空也
是故我今當頂戴受持尒時外道其數无量於佛法
中信心出家善男子以是因緣故我於此娑羅雙樹大
師子吼師子吼者名大涅槃
善男子東方雙者破於无常獲得於常乃至北方雙
者破於不淨而得於淨善男子此中衆生為雙樹故護

BD00429　大般涅槃經（北本）鈔（擬）

者破於不淨而得於淨善男子此中衆生為雙樹故護
娑羅林不令外人取其枝葉斫截破壞我亦如是為四
法故令諸弟子護持佛法何等為四常樂我淨此四雙樹
四王典掌我為四王護持我法是故於中而般涅槃善
男子娑羅雙樹華菓常茂常能利益无量衆生我
亦如是常能利益聲聞緣覺華者喻我菓者喻樂
以是義故我於此間娑羅雙樹入大寂定大寂定者名
大涅槃
師子吼言世尊如来何故二月涅槃善男子
二月名春陽春之月万物生長種殖根栽華菓敷榮江
河盈滿百獸孚乳是時衆生多生常想為破衆生如是
常心說一切法悉是无常唯說如来常住不變善男子
於六時中孟冬枯悴衆不愛樂陽春和液人所貪愛為
破衆生世間樂故演說常樂我淨亦示如来為破世我世
淨故說如来真實我淨言二月者喻於如来二種法身冬

多羅三藐三菩提心種諸善根何者喻於十方諸大菩薩
來詣我所諮受如是大涅槃典百獸手乳者喻我弟子
生諸善根華喻七覺菓喻四果以是義故我於二月入大涅
槃師子吼言如來初生出家成道轉妙法輪皆以八日何
故涅槃獨十五日佛言善哉善哉善男子如十五日月无虧
盈諸佛如來亦復如是入大涅槃无有虧盈以是義故於
十五日入般涅槃善男子如十五日月盛滿時有十一事何
等十一一能破闇二令衆生見道非道三令衆生見道耶正
四除鬱蒸得清涼樂五能破壞螢火高心六息一切賊盜
之想七除衆生畏惡獸心八能開敷優鉢羅華九合蓮華
十發行人進路之心十一令諸衆生樂受五欲多獲快樂善
男子如來滿月亦復如是一者破壞无明大闇二者演說正
道耶道三者開示生死耶嶮涅槃平正四者令人遠離貪
欲瞋恚癡熱五者破壞外道光明六者破壞煩惱結賊七

熱聵惷癡熱五者破壞外道光明六者破壞煩惱結賊七
者除滅衰五蓋心八者開敷衆生種善根心九者覆蓋衆
生五欲之心十者發起衆生進脩趣向大涅槃行十一令諸
衆生樂脩解脫以是義故於十五日入大涅槃而我真實
不入涅槃我弟子中愚癡惡人定謂如來入於涅槃辟
如母人多有諸子其母捨行至他國土未還之頃諸子各
言我母已死而是母人實不死也
師子吼菩薩言世尊何等比丘能莊嚴此娑羅雙樹
善男子若有比丘受持讀誦十二部經正其文句通達
深義為人解說初中後善為欲利益无量衆生演說梵
行如是比丘則能莊嚴娑羅雙樹師子吼言世尊如我
解佛所說義者阿難比丘即其人也何以故阿難比丘受
持讀誦十二部經為人開說正語正義猶如寫水置之異
器阿難比丘亦復如是從佛所聞如聞轉說善男子若有
比丘得淨天眼見於十方三千大千世界所有如觀掌中

天眼見於三千大千世界所有乃至中陰悉能明了无鄣㝵故
善男子若有比丘能説衆生悉有佛性得金剛身无有邊
際常樂我淨身心无㝵得八自在如是比丘則能莊嚴娑羅
雙樹師子吼言世尊若如是者唯有如來是其人也何以
故如來之身金剛无邊常樂我淨身心无㝵具八自在故
世尊唯有如來乃能莊嚴娑羅雙樹如其无者則不端嚴
唯願大慈爲莊嚴故常住於娑羅樹林佛言善男
子一切諸法性无住住汝云何言願如來住善男子
凡言住者名爲色法從因緣生故名爲住因緣无處
故名无住住如來已斷一切色縛云何當言如來住
耶受想行識亦復如是善男子住名憍慢以憍慢故
不得解脱不得解脱故名爲住誰有憍慢從何處
來是故得名爲无住住如來永斷一切憍慢云何而言願
如來住者名有爲法如來已斷有爲之法是故不住住者

如来住者名有為法如来已斷有為之法是故不住住者
名為空法如来已斷如是空法是故獲得常樂我淨云
何而言願如来住住者名為廿五有如来已斷廿五有云何
而言願如来住住者即是一切凡夫諸聖无去无来无住
如来已斷去来住相云何言住夫无住者名无邊身无邊
故云何而言唯願如来住娑羅林若住此林則是有邊身
若有邊則是无常如来是常云何言住夫无住者名
日虚空如来之性同於虚空云何言住又无住者名金剛三
昧壞一切住金剛三昧即是如来云何言住又无住者則名
為幻如来同幻云何言住又无住者名无始終如来之性无
有始終云何言住又无住者名无邊法界无邊法界即是
如来云何言住又无住者名首楞嚴三昧首楞嚴三昧知
一切法而无所著以无著故名首楞嚴如来具足首楞嚴

不得至尸波羅蜜乃至般若波羅蜜以是故檀波羅蜜名
爲无住如来乃至不住般若波羅蜜云何顛言如来常住波
羅樹林又无住者名脩四念處如来若住四念處者則不
能得阿耨多羅三藐三菩提名不住住又无住者名无邊
衆生界如来悉到一切衆生无邊界分而无所住又无住者
名无屋宅无屋宅者名爲无有无有者名爲无生无生者
名爲无死无死者名爲无相无相者名爲无繫无繫者名爲
无著无著者名爲无漏无漏即善即无爲无爲者即大涅
槃常大涅槃常者即我我者即淨淨者即樂常樂我淨
即是如来善男子譬如虚空不住東方南西北方四維上
下如来亦尒不住東方南西北方四維上下善男子若有
説言身口意惡得善果者无有是處身口意善得
惡果者亦无是處若言凡夫得見佛性十住菩薩不得

說言身口意惡得善果者无有是處身口意善得
惡果者亦无是處若言凡夫得見佛性十住菩薩不得
見者亦无是處一闡提等犯五逆罪謗方等經毀四重禁
得阿耨多羅三藐三菩提者亦无是處六住菩薩煩惱因
緣墮三惡道亦无是處菩薩摩訶薩以真女身得阿耨
多羅三藐三菩提者亦无是處一闡提常三寶无常亦无
是處如來住於拘尸那城亦无是處
善男子如來今於此拘尸那城入大三昧深禪定窟衆不
見故名大涅槃師子吼言如來何故入禪定窟善男子
為欲度脫諸衆生故未種善根令得種故已種善根得
增長故善果未熟令得熟故為已熟者說趣阿耨多羅
三藐三菩提故輕賤善法者令生尊貴故諸大香象共論
議故為欲教化樂讀誦者深愛禪定故為以聖行梵行天
行化衆生故為觀不共深法藏故為欲呵責放逸弟子故

故爲令衆生尊重所聞禪定法故以是因緣入禪定窟

BD00431 妙法蓮華經卷三

（後秦）鳩摩羅什 譯

521.1cm × 25.3cm

万億種衆生来至佛所
是衆生諸根利鈍精進
説法種種无量皆令歡 是諸
生聞是法已現世安隱後生善處以道受樂
亦得聞法既聞法已離諸障礙於諸法中任
力所能漸得入道如彼大雲雨於一切卉木
叢林及諸藥草如其種性具足蒙潤各得生
長如来説法一相一味所謂解脱相離相滅
相究竟至於一切種智其有衆生聞如来法
若持讀誦如説脩行所得功德不自覺知所
以者何唯有如来知此衆生種相體性念何
事思何事脩何事云何念云何思云何脩以
何法念以何法思以何法脩以何法得何法

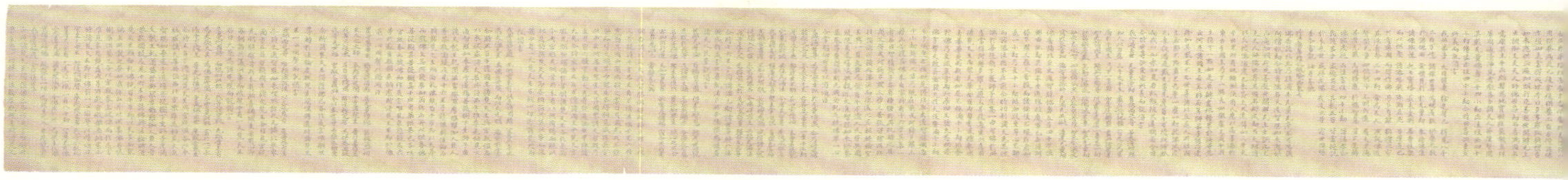

上中下性如来知是一相一味之法所謂解
脫相離相滅相究竟涅槃常寂滅相終歸於
空佛知是已觀衆生心欲而將護之是故不
即為說一切種智汝等迦葉甚為希有能知
如来隨宜說法能信能受所以者何諸佛世
尊隨宜說法難解難知尒時世尊欲重宣此
義而說偈言
破有法王　出現世間　隨衆生欲　種種說法
如来尊重　智慧深遠　久嘿斯要　不務速說
有智若聞　則能信解　无智疑悔　則為永失
是故迦葉　隨力為說　以種種緣　令得正見
迦葉當知　譬如大雲　起於世間　遍覆一切
惠雲含潤　電光晃曜　雷聲遠震　令衆悅豫
日光掩蔽　地上清涼　靉靆垂布　如可承攬

BD00431　妙法蓮華經卷三

惠雲含潤 電光晃曜 雷聲遠震 令衆悅豫
日光掩蔽 地上清涼 靉靆垂布 如可承攬
其雨普等 四方俱下 流澍无量 率土充洽
山川險谷 幽邃所生 卉木藥草 大小諸樹
百穀苗稼 甘蔗蒲桃 雨之所潤 无不豊足
乾地普洽 藥木並茂 其雲所出 一味之水
草木藂林 隨分受潤 一切諸樹 上中下等
稱其大小 各得生長 根莖枝葉 華菓光色
一雨所及 皆得鮮澤 如其體相 性分大小
所潤是一 而各滋茂 佛亦如是 出現於世
譬如大雲 普覆一切 既出于世 為諸衆生
分別演說 諸法之實 大聖世尊 於諸天人
一切衆中 而宣是言 我為如來 兩足之尊
出于世間 猶如大雲 充潤一切 枯槁衆生

我為世尊　无能及者　安隱衆生　故現於世
為大衆說　甘露淨法　其法一味　解脫涅槃
以一妙音　演暢斯義　常為大乘　而作因緣
我觀一切　普皆平等　无有彼此　愛憎之心
我无貪著　亦无限礙　恒為一切　平等說法
如為一人　衆多亦然　常演說法　曾无他事
去來坐立　終不疲猒　充足世間　如雨普潤
貴賤上下　持戒毀戒　威儀具足　及不具足
正見耶見　利根鈍根　等雨法雨　而无懈惓
一切衆生　聞我法者　隨力所受　住於諸地
或處人天　轉輪聖王　釋梵諸王　是小藥草
知无漏法　能得涅槃　起六神通　及得三明
獨處山林　常行禪定　得緣覺證　是中藥草

知无漏法 能得涅槃 起六神通 及得三明
獨處山林 常行禪定 得緣覺證 是中藥草
求世尊處 我當作佛 行精進定 是上藥草
又諸佛子 專心佛道 常行慈悲 自知作佛
決定无疑 是名小樹 安住神通 轉不退輪
度无量億 百千衆生 如是菩薩 名爲大樹
佛平等說 如一味雨 隨衆生性 所受不同
如彼草木 所稟各異 佛以此喻 方便開示
種種言辭 演說一法 於佛智慧 如海一渧
我雨法雨 充滿世間 一味之法 隨力脩行
如彼叢林 藥草諸樹 隨其大小 漸增茂好
諸佛之法 常以一味 令諸世間 普得具足
漸次脩行 皆得道果 聲聞緣覺 處於山林
住最後身 聞法得果 是名藥草 各得增長

聞諸法空　心大歡喜　放无數光　度諸衆生
是名大樹　而得增長　如是迦葉　佛所說法
譬如大雲　以一味雨　潤於人華　各得成實
迦葉當知　以諸因緣　種種譬喻　開示佛道
是我方便　諸佛亦然　今為汝等　說冣實事
諸聲聞衆　皆非滅度　汝等所行　是菩薩道
漸漸修學　悉當成佛

妙法蓮華經授記品第六

尒時世尊說是偈已告諸大衆唱如是言我
此弟子摩訶迦葉於未來世當得奉覲三百
万億諸佛世尊供養恭敬尊重讚歎廣宣諸
佛无量大法於冣後身得成為佛名曰光明
如來應供正遍知明行足善逝世間解无上

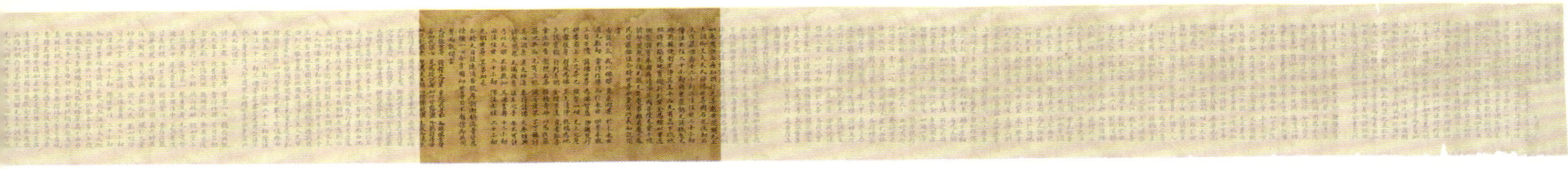

佛无量大法於最後身得成爲佛名曰光明
如来應供正遍知明行足善逝世間解无上
士調御丈夫天人師佛世尊國名光德劫名
大莊嚴佛壽十二小劫正法住世二十小劫
像法亦住二十小劫國界嚴飾无諸穢惡瓦
礫荊棘便利不淨其土平正无有高下坑坎
堆阜琉璃爲地寶樹行列黃金爲繩以界道
側散諸寶華周遍清淨其國菩薩无量千億
諸聲聞衆亦復无數无有魔事雖有魔及魔
民皆護佛法尒時世尊欲重宣此義而說偈
言

告諸比丘 我以佛眼 見是迦葉 於未來世
過无數劫 當得作佛 而於來世 供養奉覲
三百万億 諸佛世尊 爲佛智慧 淨脩梵行

多諸寶樹　行列道側　金繩界道　見者歡喜
常出好香　散衆名華　種種奇妙　以爲莊嚴
其地平正　无有丘坑　諸菩薩衆　不可稱計
其心調柔　逮大神通　奉持諸佛　大乘經典
諸聲聞衆　无漏後身　法王之子　亦不可計
乃以天眼　不能數知　其佛當壽　十二小劫
正法住世　二十小劫　像法亦住　二十小劫
光明世尊　其事如是
尒時大目揵連須菩提摩訶迦栴延等皆悉
悚慄一心合掌瞻仰世尊目不暫捨即共同
聲而說偈言
大雄猛世尊　諸釋之法王　哀愍我等故　而賜佛音聲
若知我深心　見爲授記者　如以甘露灑　除熱得清涼
如從飢國來　忽遇大王饍　心猶懷疑懼　未敢即便食

若知我深心 見為授記者 如以甘露灑 除熱得清涼
如從飢國来 忽遇大王膳 心猶懷疑懼 未敢即便食
若復得王教 然後乃敢食 我等亦如是 每惟小乘過
不知當云何 得佛无上慧 雖聞佛音聲 言我等作佛
心尚懷憂懼 如未敢便食 若蒙佛授記 尒乃快安樂
大雄猛世尊 常欲安世間 願賜我等記 如飢湏教食
尒時世尊知諸大弟子心之所念告諸比丘
是湏菩提於當来世奉覲三百万億那由他
佛供養恭敬尊重讚歎常脩梵行具菩薩道
於㝡後身得成為佛号曰名相如来應供正
遍知明行足善逝世間解无上士調御丈夫
天人師佛世尊劫名有寶國名寶生其土平
正頗梨為地寶樹莊嚴无諸丘坑沙礫荊蕀
便利之穢寶華覆地周遍清淨其土人民皆

他佛壽十二小劫正法住世二十小劫像法
亦住二十小劫其佛常處虛空為衆說法度
脫无量菩薩及聲聞衆尒時世尊欲重宣此
義而說偈言
諸比丘衆 今告汝等 皆當一心 聽我所說
我大弟子 須菩提者 當得作佛 号曰名相
當供无數 万億諸佛 隨佛所行 漸具大道
冣後身得 三十二相 端正姝妙 猶如寶山
其佛國土 嚴淨第一 衆生見者 无不愛樂
佛於其中 度无量衆 其佛法中 多諸菩薩
皆悉利根 轉不退輪 彼國常以 菩薩莊嚴
諸聲聞衆 不可稱數 皆得三明 具六神通
住八解脫 有大威德 其佛說法 現於无量
神通變化 不可思議 諸天人民 數如恒沙

諸聲聞衆　不可稱數　皆得三明　具六神通
住八解脫　有大威德　其佛說法　現於无量
神通變化　不可思議　諸天人民　數如恒沙
皆共合掌　聽受佛語　其佛當壽　十二小劫
正法住世　二十小劫　像法亦住　二十小劫
尒時世尊復告諸比丘衆我今語汝是大迦
旃延於當來世以諸供具供養奉事八千億
佛恭敬尊重諸佛滅後各起塔廟高千由旬
縱廣正等五百由旬以金銀琉璃車𤦲馬瑙
真珠玫瑰七寶合成衆華瓔珞塗香末香燒
香繒蓋幢幡供養塔廟過是已後當復供養
二万億佛亦復如是供養是諸佛已具菩薩
道當得作佛号曰閻浮那提金光如來應供
正遍知明行足善逝世間解无上士調御丈

淨見者歡喜无四惡道地獄餓鬼畜生阿脩
羅道多有天人諸聲聞衆及諸菩薩无量万
億莊嚴其國佛壽十二小劫正法住世二十
小劫像法亦住二十小劫尒時世尊欲重宣
此義而說偈言

諸比丘衆　皆一心聽　如我所說　真實无異
是迦栴延　當以種種　妙好供具　供養諸佛
諸佛滅後　起七寶塔　亦以華香　供養舍利
其最後身　得佛智慧　成等正覺　國土清淨
度脫无量　万億衆生　皆為十方　之所供養
佛之光明　无能勝者　其佛号曰　閻浮金光
菩薩聲聞　斷一切有　无量无數　莊嚴其國

尒時世尊復告大衆我今語汝是大目揵連
當以種種供具供養八千諸佛恭敬尊重諸

尒時世尊復告大衆我今語汝是大目揵連
當以種種供具供養八千諸佛恭敬尊重諸
佛滅後各起塔廟高千由旬縱廣正等五百
由旬以金銀琉璃車渠馬瑙真珠玫瑰七寶
合成衆華瓔珞塗香末香燒香繒蓋幢幡以
用供養過是已後當復供養二百万億諸佛
亦復如是當得成佛号曰多摩羅跋栴檀香
如来應供正遍知明行足善逝世間解无上
士調御丈夫天人師佛世尊劫名喜滿國名
意樂其土平正頗梨為地寶樹莊嚴散真珠
華周遍清淨見者歡喜多諸天人菩薩聲聞
其數无量佛壽二十四小劫正法住世四十
小劫像法亦住四十小劫尒時世尊欲重宣

二百万億　諸佛世尊　為佛道故　供養恭敬
於諸佛所　常脩梵行　於无量劫　奉持佛法
諸佛滅後　起七寶塔　長表金刹　華香伎樂
而以供養　諸佛塔廟　漸漸具足　菩薩道已
於意樂國　而得作佛　号多摩羅　栴檀之香
其佛壽命　二十四劫　常為天人　演說佛道
聲聞无量　如恒河沙　三明六通　有大威德
菩薩无數　志固精進　於佛智慧　皆不退轉
佛滅度後　正法當住　四十小劫　像法亦尒
我諸弟子　威德具足　其數五百　皆當授記
於未來世　咸得成佛　我及汝等　宿世因緣
吾今當說　汝等善聽

妙法蓮華經化城喻品第七

佛告諸比丘乃往過去无量无邊不可思議

妙法蓮華經化城喻品第七
佛告諸比丘乃往過去无量无邊不可思議
阿僧祇劫尒時有佛名大通智勝如來應供
正遍知明行足善逝世間解无上士調御丈
夫天人師佛世尊其國名好成劫名大相諸
比丘彼佛滅度已來甚大久遠譬如三千大
千世界所有地種假使有人磨以爲墨過於
東方千國土乃下一點大如微塵又過千國
土復下一點如是展轉盡地種墨於汝等意
云何是諸國土若筭師若筭師弟子能得邊
際知其數不不也世尊諸比丘是人所經國
土若點不點盡末爲塵一塵一劫彼佛滅度
已來復過是數无量无邊百千万億阿僧祇
劫我以如來知見力故觀彼久遠猶若今日

如人以力磨　三千大千土　盡此諸地種　皆悉以為墨
過於千國土　乃下一塵點　如是展轉點　盡此諸塵墨
如是諸國土　點與不點等　復盡末為塵　一塵為一劫
此諸微塵數　其劫復過是　彼佛滅度來　如是无量劫
如來无礙智　知彼佛滅度　及聲聞菩薩　如見今滅度
諸比丘當知　佛智淨微妙　无漏无所礙　通達无量劫
佛告諸比丘大通智勝佛壽五百四十万億
那由他劫其佛本坐道場破魔軍已垂得阿
耨多羅三藐三菩提而諸佛法不現在前如
是一小劫乃至十小劫結跏趺坐身心不動
而諸佛法猶不在前尒時忉利諸天先為彼
佛於菩提樹下敷師子座高一由旬佛於此
座當得阿耨多羅三藐三菩提適坐此座時

BD00431　妙法蓮華經卷三

座當得阿耨多羅三藐三菩提適坐此座時
諸梵天王雨衆天華面百由旬香風時來吹
去萎華更雨新者如是不絶滿十小劫供養
於佛乃至滅度常雨此華四王諸天爲供養
佛常擊天鼓其餘諸天作天伎樂滿十小劫
至于滅度亦復如是諸比丘大通智勝佛過
十小劫諸佛之法乃現在前成阿耨多羅三
藐三菩提其佛未出家時有十六子其第一
者名曰智積諸子各有種種珎異玩好之具
聞父得成阿耨多羅三藐三菩提皆捨所珎
往詣佛所諸母涕泣而隨送之其祖轉輪聖
王與一百大臣及餘百千万億人民皆共圍
繞隨至道場咸欲親近大通智勝如來供養
恭敬尊重讃歎到已頭面礼足繞佛畢一心

諸願已具足　善哉吉无上　世尊甚希有　一坐十小劫
身體及手足　靜然安不動　其心常惔怕　未曾有散亂
究竟永寂滅　安住无漏法　今者見世尊　安隱成佛道
我等得善利　稱慶大歡喜　衆生常苦惱　盲瞑无導師
不識苦盡道　不知求解脫　長夜增惡趣　減損諸天衆
從瞑入於瞑　永不聞佛名　今佛得最上　安隱无漏法
我等及天人　為得最大利　是故咸稽首　歸命无上尊
尒時十六王子偈讚佛已勸請世尊轉於法
輪咸作是言世尊說法多所安隱憐愍饒益
諸天人民重說偈言
世雄无等倫　百福自莊嚴　得无上智慧　願為世間說
度脫於我等　及諸衆生類　為分別顯示　令得是智慧
若我等得佛　衆生亦復然　世尊知衆生　深心之所念
亦知所行道　又知智慧力　欲樂及脩福　宿命所行業

亦知所行道　又知智慧力　欲樂及脩福　宿命所行業
世尊悉知已　當轉无上輪
佛告諸比丘大通智勝佛得阿耨多羅三藐
三菩提時十方各五百万億諸佛世界六種
震動其國中閒幽冥之處日月威光所不能
照而皆大明其中衆生各得相見咸作是言
此中云何忽生衆生又其國界諸天宮殿乃
至梵宮六種震動大光普照遍滿世界勝諸
天光尒時東方五百万億諸國土中梵天宮
殿光明照曜倍於常明諸梵天王各作是念
今者宮殿光明昔所未有以何因緣而現此
相是時諸梵天王即各相詣共議此事而彼
衆中有一大梵天王名救一切為諸梵衆而
說偈言

尒時五百万億國土諸梵天王與宮殿俱各
以衣祴盛諸天華共詣西方推尋是相見大
通智勝如來處于道場菩提樹下坐師子座
諸天龍王乾闥婆緊那羅摩睺羅伽人非人
等恭敬圍繞及見十六王子請佛轉法輪即
時諸梵天王頭面礼佛繞百千帀即以天華
而散佛上其所散華如須彌山并以供養佛
菩提樹其菩提樹高十由旬華供養已各以
宮殿奉上彼佛而作是言唯見哀愍饒益我
等所獻宮殿願垂納處時諸梵天王即於佛
前一心同聲以偈頌曰

世尊甚希有　難可得值遇　具无量功德　能救護一切
天人之大師　哀愍於世間　十方諸衆生　普皆蒙饒益
我等所從來　五百万億國　捨深禪定樂　為供養佛故

天人之大師　哀愍於世間　十方諸衆生　普皆蒙饒益
我等所從來　五百万億國　捨深禪定樂　為供養佛故
我等先世福　宮殿甚嚴飾　今以奉世尊　唯願哀納受
尒時諸梵天王偈讚佛已各作是言唯願世
尊轉於法輪度脫衆生開涅槃道時諸梵天
王一心同聲而說偈言
世雄兩足尊　唯願演說法　以大慈悲力　度苦惱衆生
尒時大通智勝如來嘿然許之又諸比丘東
南方五百万億國土諸大梵王各自見宮殿
光明照曜昔所未有歡喜踊躍生希有心即
各相詣共議此事而彼衆中有一大梵天王
名曰大悲為諸梵衆而說偈言
是事何因緣　而現如此相　我等諸宮殿　光明昔未有
為大德天生　為佛出世間　未曾見此相　當共一心求

裓盛諸天華共詣西北方推尋是相見大通智勝如來處于道場菩提樹下坐師子座諸天龍王乾闥婆緊那羅摩睺羅伽人非人等恭敬圍繞及見十六王子請佛轉法輪時諸梵天王頭面礼佛繞百千帀即以天華而散佛上所散之華如須弥山并以供養佛菩提樹華供養已各以宮殿奉上彼佛而作是言唯見哀愍饒益我等所獻宮殿願垂納處尒時諸梵天王即於佛前一心同聲以偈頌曰

聖主天中王　迦陵頻伽聲　哀愍衆生者　我等今敬礼
世尊甚希有　久遠乃一現　一百八十劫　空過无有佛
三惡道充滿　諸天衆減少　今佛出於世　為衆生作眼
世間所歸趣　救護於一切　為衆生之父　哀愍饒益者
我等宿福慶　今得值世尊

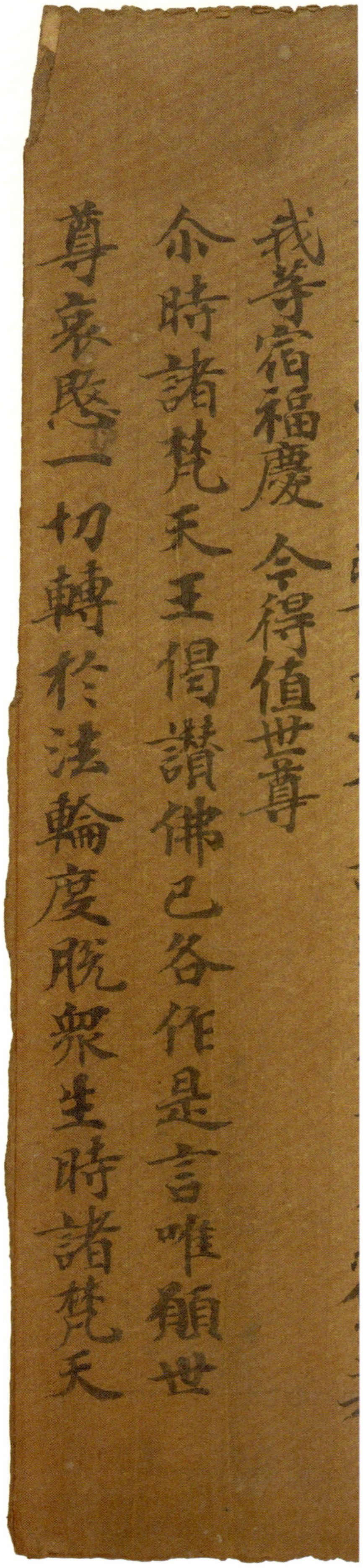

我等宿福慶　今得值世尊

尒時諸梵天王偈讚佛已各作是言唯願世

尊哀愍一切轉於法輪度脫衆生時諸梵天

BD00432 金光明最勝王經卷一

（唐）義净 譯

BD00432v-1 雜寫

BD00432v-2 金光明最勝王經卷一外題

58cm × 25.5cm

金光明最勝王經序品第一

三藏法師義淨奉 制譯

如是我聞一時薄伽梵在王舍城鷲峯山頂

於最清淨甚深法界諸佛之境如來所居

與大苾芻衆九万八千人皆是阿羅漢能善

調伏如大象王諸漏已除无復煩惱心善解

脫慧善解脫所作已畢捨諸重擔逮得已利

壽阿若憍陳如具壽阿說侍多具壽婆濕波
具壽摩訶那摩具壽婆帝利迦大迦攝波
優樓頻螺迦攝伽耶迦攝那提迦攝舍利子
大目乾連唯阿難陁住於學地如是等諸大
聲聞各於晡時從定而起往詣佛所頂礼佛
足右繞三帀退坐一面
復有菩薩摩訶薩百千万億人俱有大威德
如大龍王名稱普聞衆所知識施戒清淨常
樂奉持忍行精勤經无量劫超諸靜慮繫
念現前開闡慧門善脩方便自在遊戲微
妙神通逮得惣持辯才无盡斷諸煩惱累
染皆亡不久當成一切種智降魔軍衆而擊法
鼓制諸外道令起淨心轉妙法輪度人天衆十
方佛土悉已莊嚴六趣有情无不蒙益成就

BD00432　金光明最勝王經卷一

方佛土悉已莊嚴六趣有情无不蒙益成就
大智具足大忍住大慈悲心有大堅固力歷
事諸佛不般涅槃發弘誓心盡未來際廣於
佛所深種淨因於三世法悟无生忍逾於二乘
所行境界以大善巧化世閒於大師教能敷
演秘密之法甚深空性皆已了知无復疑惑
其名曰无障礙轉法輪菩薩常發心轉法輪菩
薩常精進菩薩不休息菩薩慈氏菩薩妙
吉祥菩薩觀自在菩薩惣持自在王菩薩
大辯莊嚴王菩薩妙高山王菩薩大海深王菩
薩寶幢菩薩大寶幢菩薩地藏菩薩虛空
藏菩薩寶手自在菩薩金剛手菩薩歡喜力
菩薩大法力菩薩大莊嚴光菩薩大金光莊嚴
菩薩淨戒菩薩常定菩薩極清淨慧菩薩

BD00432v-1　雜寫

BD00432v-2　金光明最勝王經卷一外題

# BD00433 大般涅槃經（异卷）卷一九

（北凉）曇無讖 譯

870.7cm × 27cm

…華…在過
去[illegible]果現在无…无果以現果故
衆生持戒懃脩精進遮止悪果以持戒故則
得无漏得无漏故盡有漏業以盡業故衆苦
得盡衆苦盡故故得解脱唯願大王速往其
所令其療治身心苦痛王若見者衆罪則除
王即荅言審有是師能除我罪我當歸依復
有一臣名悉知義即至王所作如是言王今
何故形不端嚴如失國者如泉枯涸池无蓮
華樹无華葉破戒比丘身无威德為身痛耶
為心痛乎王即荅言今我身心豈得无痛我
[illegible]

辜摧興逆害我久曾聞智者說言若有害父
於无量阿僧祇劫受大苦惱我今不久必墮
地獄又无良醫療救我罪大臣即言唯願大
王放捨愁苦王不聞耶昔者有王名曰羅摩
害其父已得紹王位拔提大王毗樓真王那
睺沙王迦帝迦王毗舍佉王月光明王日光
明王愛見王持多人王如是等王皆害其父
得紹王位然无一王入地獄者於今現在毗
瑠璃王優陁耶王惡性王鼠王蓮華王如是
等王皆害其父悉无一王生愁惱者雖言地
獄餓鬼天中誰有見者大王唯有二有一者

等王皆害其父悉无一王生愁惱者雖言地
獄餓鬼天中誰有見者大王唯有二有一者
人道二者畜生雖有是二非因緣生非因緣
死若非因緣何有善惡唯願大王勿懷愁怖
何以故
若常愁苦　愁遂增長　如人喜眠　眠則滋多
貪婬嗜酒　亦復如是
如王所言世无良醫治身心者今有大師名
阿耆多翅舍欽婆羅一切知見觀金如土平
等无二刀斫右脅右塗栴檀於此二人心无
差別等視怨親心无異相此師真是世之良
醫若行若立若坐若臥常在三昧心无分散

他害若自偷若教他偷若自淫若教他淫若
自妄語若教他妄語若自飲酒若教他飲酒
若殺一村一城一國若以刀輪殺一切衆生若
恒河以南布施衆生恒河以北殺害衆生悲
无罪福无施戒定今者近在王舍城住願王
速往王若見者衆罪除滅王言大臣審能如
是除滅我罪我當歸依
復有大臣名曰吉得復往王所作如是言王
今何故面无光澤如日中燈如晝時月如失
國君如荒敗土大王今者四方清夷无諸怨
敵而今何故如是愁苦為身苦耶為心苦乎
有諸王子常生此念我今何時當得自在大

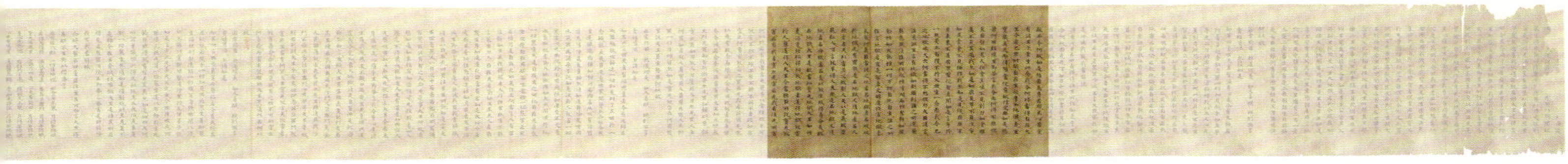

敵而今何故如是愁苦爲身苦耶爲心苦乎
有諸王子常生此念我今何時當得自在大
王今者已果所願自在王領摩伽陁國先王
寶藏具足而得唯當快意縱情受樂如是愁
苦何用經懷王即答言我今云何得不愁惱
大臣譬如愚人但貪其味不見利刀如食雜
毒不見其過我亦如是如鹿見草不見深穽
如鼠貪食不見猫狸我亦如是見現在樂不
見未來不善苦果曾從智者聞如是言寧於
一日受三百鑽不於父母生一念惡我今已
近地獄熾火云何當得不愁惱耶大臣復言
誰來在王言有地獄如刺頭利誰之所造飛

動性如火熱性一切万物自死自生誰之所
作言地獄者直是智者文辞造作言地獄者
為有何義臣當說之地者名地獄者名破破
於地獄无有罪報是名地獄又復地者名人
獄者名天以害其父故到人天以是義故婆
藪仙人唱言殺羊得人天樂是名地獄又復
地者名命獄者名長以殺生故得壽命長故
名地獄大王是故當知實无地獄大王如種
麦得麦種稲得稲殺地獄者還得地獄殺害
於人應還得人大王今當聽臣所說實无殺
害若有我者實亦无害若无我者復无所害

害若有我者實亦无害若无我者復无所害
何以故若有我者常无變易以常住故不可
殺害不破不壞不繫不縛不瞋不喜猶如虛
空云何當有殺害之罪若无我者諸法无常
以无常故念念壞滅念念滅故殺者死者皆
念念滅若念念滅誰當有罪大王如火燒木
火則无罪如斧斫樹斧亦无罪如鎌刈草鎌
實无罪如刀殺人刀實非人刀亦无罪人云
何罪如毒殺人毒實非人毒藥非罪人云何
罪一切万物皆亦如是實无殺害云何有罪
唯願大王莫生愁苦何以故

如王所言世无良醫治惡業者今有大師名
迦羅鳩馱迦栴延一切知見明了三世於一
念頃能見无量无邊世界聞聲亦尒能令衆
生遠離過惡猶如恒河若內若外所有諸罪
皆悉清淨是大良師亦復如是能除衆生內
外衆罪為諸弟子說如是法若人殺害一切
衆生心无慚愧終不墮惡猶如虛空不受塵
水有慚愧者即入地獄猶如大水潤濕於地
一切衆生悉是自在天之所化自在天喜衆
生安樂自在天瞋衆生苦惱一切衆生若罪
若福乃是自在之所為作云何當言人有罪
福譬如工匠作機關木人行住坐卧唯不能

若福乃是自在之所爲作云何當言人有罪
福辟如工匠作機關木人行住坐臥唯不能
言衆生亦尒自在天者喻如工匠木人者喻
衆生身如是造化誰當有罪如是大師今者
近在王舍城住唯願速往如其見者衆罪消
滅王即荅言審有是人能滅我罪我當歸依
復有一臣名无所畏往至王所說如是言大
王世有愚人一日之中百喜百愁百眠百悟
百驚百哭有智之人斯无是事大王何故憂
愁如是如失侶客如墮深埿无救脫者如人
渴乏不得漿水猶如迷人无有導者如困病人

不痛我近惡友不觀口過先王无辜横興逆
害我今定知當入地獄復无良醫而見救濟
臣即白言唯願大王莫生愁毒夫剎利者名
爲王種若爲國土若爲沙門及婆羅門爲安
人民雖復致害无有罪也先王雖復恭敬沙
門不能承事諸婆羅門心无平等无平等故
則非剎利大王今者爲欲供養諸婆羅門致
害先王當有何罪大王實无致害夫致害者
致害壽命命名風氣風氣之性不可斫害云
何害命而當有罪唯願大王莫復愁苦何以
故

故

若常愁苦　愁遂增長　如人喜眠　眠則滋多
貪婬嗜酒　亦復如是
如王所言世无良醫而療治者今有大師名
尼乹陁若提子一切知見憐愍衆生善知衆
生諸根利鈍達解一切隨冝方便世間八法
所不能汙寂静脩習清淨梵行為諸弟子説
如是言无施无善无父无母今世後世无阿
羅漢无脩无道一切衆生逕八万劫於生死
輪自然得脫有罪无罪悉亦如是如四大河
所謂辛頭恒河博叉私陁悉入大海无有差

[illegible]

得見者衆罪消除王即荅言審有是師能除
我罪我當歸依
尒時大醫名曰耆婆往至王所白言大王得
安眠不王即以偈荅言

若有能永斷　一切諸煩惱　不貪染三界　乃得安隱眠
若得大涅槃　演說甚深義　名真婆羅門　乃得安隱眠
身无諸惡業　口離於四過　心无有疑网　乃得安隱眠
身心无熱惱　安住於寂處　獲致无上樂　乃得安隱眠
心无有取著　遠離諸怨讎　常和无諍訟　乃得安隱眠
若不造惡業　心常懷慚愧　信惡有果報　乃得安隱眠
敬養於父母　不害一生命　不盜他財物　乃得安隱眠
調伏於諸根　親近善知識　破壞四魔衆　乃得安隱眠

敬養於父母　不害一生命　不盜他財物　乃得安隱眠
調伏於諸根　親近善知識　破壞四魔衆　乃得安隱眠
不見吉不吉　及以苦樂等　爲諸衆生故　輪轉於生死
若能如是者　乃得安隱眠
誰得安隱眠　所謂諸佛是　深觀空三昧　身心安不動
誰得安隱眠　所謂慈悲者　常脩不放逸　視衆如一子
衆生无明覆　不見煩惱果　常造諸惡業　不得安隱眠
若爲於自身　及以他人身　造作十惡業　不得安隱眠
若言爲樂故　害父无過咎　隨是惡知識　不得安隱眠
若食過節度　冷飲而過差　如是則病苦　不得安隱眠
若於王道過　耶念他婦女　及行曠路者　不得安隱眠
持戒果未熟　太子未紹位　盜者未獲財　不得安隱眠

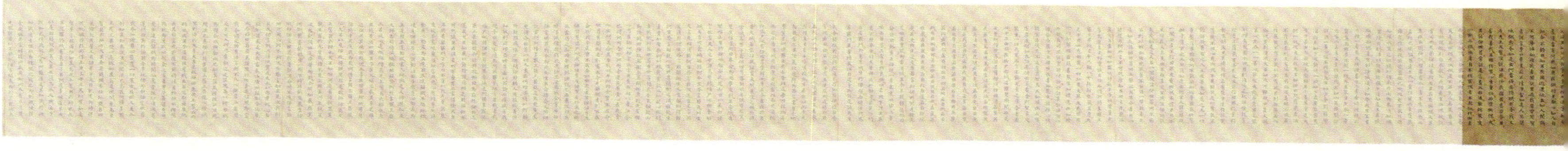

妙藥呪術善巧瞻病所不能治何以故我
父法王如法治國實无辜咎横加逆害如魚
處陸當有何樂如鹿在羂初无歡心如人自
知命不終日如王失國逃迸他土如人聞病
不可療治如破戒者聞說罪過我昔曾聞智
者說言身口意業若不清淨當知是人必墮
地獄我今如是云何當得安隱眠耶今我又
无无上大醫演說法藥除我病苦耆婆答王
善哉善哉王雖作罪心生重悔而懷慚愧大
王諸佛世尊常說是言有二白法能救衆生
一慚二愧慚者自不作罪愧者不教他作慚者

BD00433　大般涅槃經（异卷）卷一九

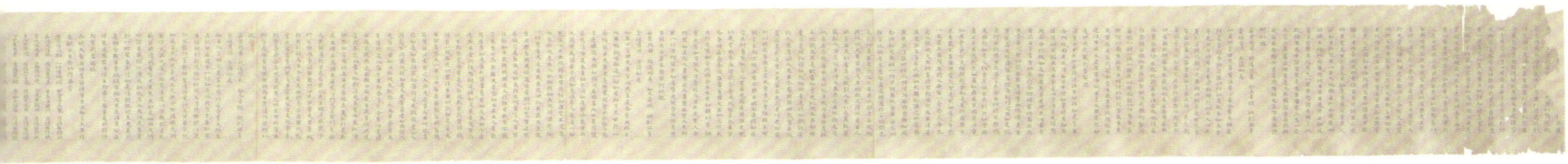

一慚二愧慚者自不作罪愧者不教他作慚者
內自羞恥愧者發露向人慚者羞人愧者羞
天是名慚愧无慚愧者不名爲人名爲畜生
有慚愧故則能恭敬父母師長有慚愧故說
有父母兄弟姉妹善哉大王具有慚愧大王
且聽臣聞佛說智者有二一者不造諸惡二
者作已懺悔愚者亦二一者作罪二者覆藏
雖先作惡後能發露悔已慚愧更不敢作猶
如濁水置之明珠以珠威力水即爲清如烟
雲除月則清明作惡能悔亦復如是王若懺
悔懷慚愧者罪則除滅清淨如本大王富有
二種一者象馬種種畜生二者金銀種種珎

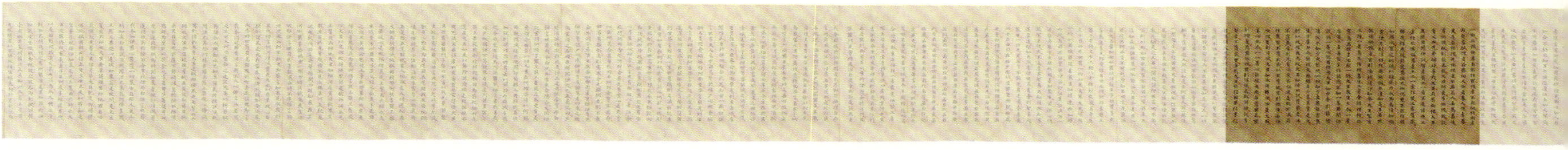

惡臣二者善臣多作諸惡不如一善臣聞佛
說脩一善心破百種惡大王如少金剛能壞
須弥亦如少火能燒一切如少毒藥能害衆
生少善亦尒能破大惡雖名小善其實是大
何以故破大惡故大王如佛所說覆藏者漏
不覆藏者則无有漏發露悔過是故不漏若
作衆罪不覆不藏以不覆故罪則微薄若悔
慚愧罪則消滅大王如水渧雖微漸盈大器
善心亦尒一一善心能破大惡若覆罪者罪
則增長發露慚愧罪則消滅是故諸佛說有
智者不覆藏罪善哉大王能信因果信業信

BD00433　大般涅槃經（异卷）卷一九

智者不覆藏罪善哉大王能信因果信業信
報唯願大王莫懷愁怖若有衆生造作諸罪
覆藏不悔心无慚愧不見因果及以業報不
能諮啓有智之人不近善友如是之人一切
良醫乃至瞻病所不能治如迦摩羅病世醫
拱手覆罪之人亦復如是云何罪人謂一闡提
一闡提者不信因果无有慚愧不信業報不
見現在及未來世不親善友不隨諸佛所説
教戒如是之人名一闡提諸佛世尊所不能
治何以故如世死屍醫不能治一闡提者亦
復如是諸佛世尊所不能治大王今者非一
闡提云何而言不可救療如王所言无能治

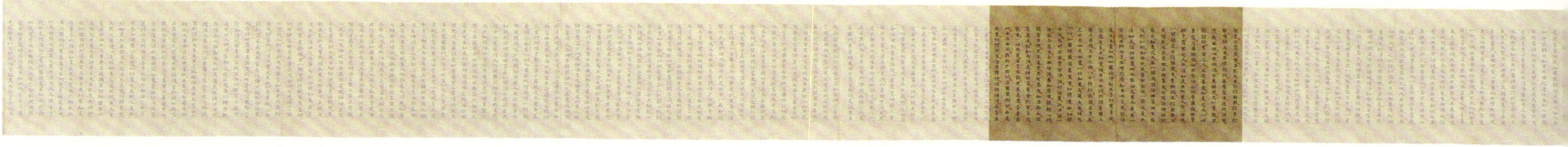

字悉達多无師覺悟自然而得阿耨多羅三
藐三菩提三十二相八十種好莊嚴其身具
足十力四无所畏一切知見大慈大悲憐愍
一切如羅睺羅隨善衆生如犢逐母知時
而說非時不語實語淨語妙語義語法語一
語能令衆生永離煩惱善知衆生諸根心性
隨宜方便无不通達其智高大如須弥山深
邃廣遠猶如大海是佛世尊有金剛智能破
衆生一切惡罪若言不能无有是處今者去
此十二由旬在拘尸那城娑羅雙樹間而爲
无量阿僧祇等諸菩薩僧演種種法若有若

BD00433　大般涅槃經（异卷）卷一九

无量阿僧祇等諸菩薩僧演種種法若有若
无若有為若无為若有漏若无漏若煩惱果
若善法果若色法若非色法若非色非非色
法若我若非我若非我非非我若常若非常
若非常非非常若樂若非樂若非樂非非樂
若相若非相若非相非非相若斷若非斷若非
斷非非斷若世若出世若非世非非世若乘若
非乘若非乘非非乘若自作自受若自作他
受若无作无受大王若當於佛所聞无作无
受所有重罪即當消滅王今且聽釋提桓因
命將欲終有五相現一者衣裳垢膩二者
頭上華萎三者身體臭穢四者[illegible]

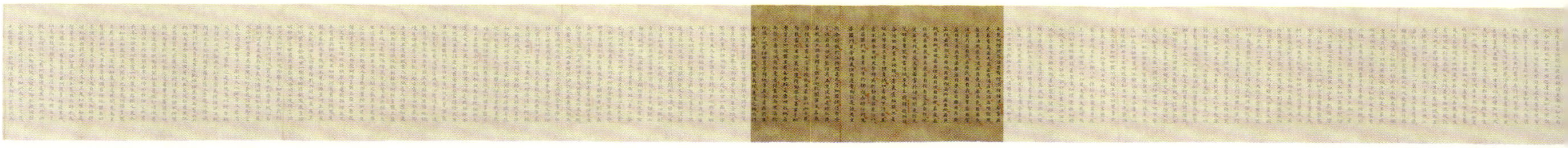

若婆羅門即至其所生於佛想尒時沙門及
婆羅門見帝釋來深自慶幸即說是語天主
我今歸依於汝釋聞是已乃知非佛復自念
言彼若非佛不能治我五退沒相是時御臣
名般遮尸語帝釋言憍尸迦乾闥婆王名敦
浮樓其王有女字須拔陁王若能以此女見
与臣當亦王除衰相處釋即答言善男子毗
摩質多阿脩羅王有女舍脂是吾所敬卿若
必能亦吾消滅惡相處者猶當相与况須拔
陁憍尸迦有佛世尊字釋迦牟尼今者在於王
舍大城若能往彼諮稟未聞衰沒之相必得

BD00433　大般涅槃經（异卷）卷一九

舍大城若能往彼諮稟未聞衰沒之相必得
除滅善男子若佛世尊審能滅者便可迴駕
至其住處御臣奉命即迴車乘到王舍城耆
闍崛山至於佛所頭面礼足却坐一面白佛
言世尊天人之中誰為繫縛憍尸迦慳貪嫉
妬又言慳貪嫉妬因何而生荅言因无明生
又言无明復因何生荅言因放逸生又言放
逸復因何生荅言因顛倒生又言顛倒復因
何生荅言因疑心生世尊顛倒之法因疑生
者實如聖教何以故我有疑心以疑心故則
生顛倒於非世尊生世尊想我今見佛疑罔
即除疑罔除故顛倒亦除顛倒除故

已得阿耶舍耶阿耶舍者无有貪心若无貪
心云何為命来至我所而阿耶舍實不求命
世尊有顛倒者則有求命无顛倒者則不求
命然我今者實不求命所欲求者唯佛法身及
佛智慧憍尸迦求佛法身及佛慧者将来之世
必當得之尒時帝釋聞佛說已五衰没相即
時消滅便起作礼遶佛三匝恭敬合掌而白
佛言世尊我今即死即生失命得命又聞佛
記當得阿耨多羅三藐三菩提是為更生為
更得命世尊一切人天云何增益復以何緣
而致損减憍尸迦闘諍因緣人天損减善脩

BD00433　大般涅槃經（异卷）卷一九

而致損減憍尸迦鬬諍因緣人天損減善脩
和敬則得增益世尊若以鬬諍而損減者我
從今日更不復与阿脩羅戰佛言善哉善哉
憍尸迦諸佛世尊說忍辱法是阿耨多羅三
藐三菩提因尒時釋提桓因即前礼佛於是
還去大王如來以能除諸惡相是故稱佛不
可思議王若往者所有重罪必當得除大王
且聽有婆羅門子字曰不害以煞无量諸衆
生故名鴦崛魔復欲害母惡心起時身亦隨
動身心動者即五逆因五逆因故必墮地獄
後見佛時身心俱動復欲生害身心動者即

三菩提心是故稱佛爲无上醫非六師也大
王復有須毗羅王子其父瞋之截其手足推
之深井其母矜愍使人牽出將至佛所尋見
佛時手足還具即發阿耨多羅三藐三菩提
心大王以見佛故得現果報是故稱佛爲无
上醫非六師也大王如恒河邊有諸餓鬼其
數五百於无量歲初不見水雖至河上純見
流火飢渴所逼發聲號哭尒時如來在其
河側欝曇鉢林坐一樹下時諸餓鬼來至佛
所白佛言世尊我等飢渴命將不遠佛言恒
河流水汝何不飲鬼即荅言如來見水我則

河流水汝何不飲鬼即荅言如来見水我則
見火佛言恒河清流實无火也以悪業故心自
顛倒謂為是火我當為汝除滅顛倒令汝見
水尒時世尊廣為諸鬼説慳貪過諸鬼即言
我今渇乏雖有法言都不入心佛言汝若渇
乏先可入河恣意飲之是諸鬼等以佛力故
即得飲水既飲水已如来復為種種説法既
聞法已悉發阿耨多羅三藐三菩提心捨餓
鬼形得於天身大王是故稱佛為无上醫非六
師也大王舍婆提國羣賊五百波斯匿王挑
出其目盲无前導不能得往至於佛所佛憐

還得眼即於佛前合掌礼佛而白佛言世尊
我今知佛慈心普覆一切衆生非獨人天尒
時如来即為説法既聞法已悉發阿耨多羅
三藐三菩提心是故如来真是世間无上良
醫非六師也大王舍婆提國有栴陁羅名曰
氣嘘殺无量人見佛弟子大目乾連即時得
破地獄因緣而得上生三十三天以有如是
聖弟子故稱佛如来為无上醫非六師也大
王波羅㮈城有長者子名阿逸多婬匿其母
以是因緣殺戮其父其母復与外人共通子
既知已便復殺之有阿羅漢是其知識於此

以是因緣莫輕其人其女深見外人共道之
既知已便復殺之有阿羅漢是其知識於此
知識復生愧耻即便殺之殺已即到祇洹精
舍求欲出家時諸比丘具知此人有三逆罪
无敢聽者以不聽故倍生瞋恚即於其夜放大
猛火焚燒僧坊多殺无辜然後復往至王舍
城到如來所求哀出家如來即聽為説法要
令其重罪漸漸輕微發阿耨多羅三藐三菩
提心是故稱佛為世良醫非六師也大王王
本性暴惡信受惡人提婆達多放大醉象欲
令踐佛象既見佛即時醒悟佛便申手摩其
頂上復為説法悉令得發阿耨多羅三藐三
菩提心[illegible]

當得滅大王世尊未得阿耨多羅三藐三菩
提時魔与无量无邊眷屬至菩薩所菩薩尒
時以忍辱力壞魔惡心令魔受法尋發阿耨
多羅三藐三菩提心佛有如是大功德力大
王有曠野鬼多害衆生如來尒時為善賢長
者至曠野村為其說法時曠野鬼聞法歡喜
即以長者授於如來然後便發阿耨多羅三
藐三菩提心大王波羅㮈國有一屠兒名曰廣
額於日日中煞无量羊見舍利弗即受八戒
逕一日夜以是因緣命終得為北方天王毗
沙門子如來弟子尚有如是大功德果況復
佛也大王北天竺有城名曰細石其城有王

沙門子如来弟子尚有如是大功德果况復
佛也大王北天竺有城名曰細石其城有王
名曰龍印貪國重位戮害其父害其父已心
生悔恨即捨國政来至佛所求哀出家佛言善
来即成比丘重罪消滅發阿耨多羅三藐三
菩提心大王當知佛有如是无量大功德果
大王如来有弟提婆達多破壞衆僧出佛身
血害蓮華比丘尼作三逆罪如来為說種
種法要令其重罪尋得微薄是故如来為大
良醫非六師也大王若能信臣語者唯願速
往至如来所若不見信願善思之大王諸佛

阿耨多羅三藐三菩提餘人不得如来非獨四
部之師普是一切天人龍鬼地獄畜生餓鬼
等師一切衆生悉當視佛如父母想大王當
知如来不但獨爲豪貴之人跋提迦王而演
說法亦爲下賤優波離等不獨偏受須達多
阿那邠提所奉飯食亦受貧人須達多食不
但獨爲舍利弗等利根說法亦爲鈍根周利
槃特不但獨聽大迦葉等无貪之性出家求
道亦聽大貪難陁出家不但獨聽煩惱薄者
優樓頻螺迦葉等出家求道亦聽煩惱深厚
造重罪者波斯匿王弟脩陁耶出家求道不

造重罪者波斯匿王弟脩陁耶出家求道不
以淨草恭敬供養拔其瞋根耆崛摩羅惡心
欲害捨而不救不但獨為有智男子而演說
法亦為擬愚洋合智者女人說法不但獨令
出家之人得四道果亦令在家得三道果不
但獨為留多羅等捨諸悠務閑家思惟而說
法要亦為頻婆娑羅王等統領國事理王務
者而說法要不但獨為斷酒之人亦為躭酒
郁伽長者荒醉者說不但獨為入禪定者離
婆多等亦為喪子亂心婆羅門女婆私吒說
不但獨為已之弟子亦為外道尼乾子說不

不但獨為末利夫人及為婬女蓮華女說不
但獨受波斯匿王上饌甘味及受長者尸利
毱多雜毒之食大王當知尸利毱多往昔及
作逆罪之因以遇佛聞法即發阿耨多羅三
藐三菩提心大王假使一月常以衣食供養
恭敬一切衆生不如有人一念念佛所得功
德十六分一大王假使鍛金為人車馬載寶
其數各百以用布施不如有人發心向佛舉
足一步大王假使復以巂車百乘載大秦國
種種珎寶及其女人身佩瓔珞數亦滿百持
用布施猶故不如發心向佛舉足一步復置
是事若以四事供養三千大千世界所有衆

用布施猶故不如發心向佛舉足一步復置
是事若以四事供養三千大千世界所有衆
生猶亦不如發心向佛舉足一步復置是事
若使大王供養恭敬恒河沙等无量衆生不
如一往娑羅雙樹到如来所誠心聽法尒時
大王荅言耆婆如来世尊性已調柔故得調
柔以為眷屬如栴檀林純以栴檀而為圍遶
如来清淨所有眷屬亦復清淨猶如大龍純
以諸龍而為眷屬如来寂靜所有眷屬亦復
寂靜如来无貪所有眷屬亦復无貪佛无煩
惱所有眷屬亦无煩惱吾今既是極惡之人
惡業纏裹其身臭穢繫屬地獄云何當得至

心尒時虛空尋出聲言无上佛法將欲衰殄
甚深法河於是欲涸大明法燈將滅不久法
山欲頹法舩欲沉法橋欲壞法殿欲崩法幢
欲倒法樹欲折善友欲去大怖將至法饑衆
生將至不久煩惱疫病將欲流行大闇時至渴
法時來魔王欣慶解釋甲冑佛日將沒大涅
槃山大王佛若去世王之重惡更无治者大
王汝今已造阿鼻地獄極重之業以是業緣
必受不疑大王阿者言无鼻者名間間无暫
樂故言无間大王假使一人獨墮是獄其身長
大八万由延遍滿其中間无空處其身周匝受
種種苦設有多人身亦遍滿不相妨㝵大王

種種苦設有多人身亦遍滿不相妨㝵大王
寒地獄中暫遇熱風以之為樂熱地獄中暫
遇寒風亦名為樂活地獄中設命終已若聞
活聲即便還活阿鼻地獄都无此事大王阿
鼻地獄四方有門一一門外各有猛火東西
南北交過通徹八万由延周迊鐵墻鐵網弥
覆其地亦鐵上火徹下下火徹上大王若魚
在熬脂膏燋燃是中罪人亦復如是大王作一
逆者則便具受如是一罪若造二逆罪則二倍五
逆具者罪亦五倍大王我今定知王之惡業
必不得免唯願大王速往佛所除佛世尊

蕉樹仰而荅曰汝為是誰不現色像而但有
聲大王吾是汝父頻婆娑羅汝今當隨耆婆
所說莫隨耶見六臣之言時王聞已悶絕躃
地身瘡增劇臭穢倍前雖以冷藥塗而治之
瘡烝毒熱但增无損尒時世尊在雙樹間見
阿闍世悶絕躃地即告大衆我今當為是王
住世至无量劫不入涅槃迦葉菩薩白佛言
世尊如來當為无量衆生不入涅槃何故獨
為阿闍世王佛言善男子是大衆中无有一
人謂我必定入於涅槃阿闍世王定謂我當
畢竟永滅是故悶絕自投於地善男子如我

畢竟永滅是故悶絕自投於地善男子如我
所言爲阿闍世不入涅槃如是密義汝未能
解何以故我言爲者一切凡夫阿闍世者普
及一切造五逆者又復爲者即是一切有爲
衆生我終不爲无爲衆生而住於世何以故
夫无爲者非衆生也阿闍世者即是具足煩
惱等者又復爲者即是不見佛性衆生若見
佛性我終不爲久住於世何以故見佛性者
非衆生也阿闍世者即是一切未發阿耨多
羅三藐三菩提心者又復爲者即是阿難迦
葉二衆阿闍世者即是阿闍世王後宮妃后

阿闍者名不生世者名怨以不生佛性故
則煩惱怨生煩惱怨生故不見佛性以不生
煩惱故則見佛性以見佛性則得安住大般
涅槃是名不生是故名為為阿闍世善男子
阿闍者名不生不生者名涅槃世名世法為
者名不汙以世八法所不汙故无量无邊阿
僧祇劫不入涅槃是故我言為阿闍世无量
億劫不入涅槃善男子如来密語不可思議
佛法衆僧亦不可思議菩薩摩訶薩亦不可
思議大涅槃經亦不可思議

卷第十九

BD00433　大般涅槃經（异卷）卷一九　　（20－20）

# BD00434 净名經集解關中疏卷上

（唐）道液 集

1037.8cm × 27.5cm

肇曰平等法食自利〻人故曰入佛道不依聲聞又名真應供故不空施福
也 △時我世尊聞說是語得未曾有即於一切菩薩深起敬心 此三揗伏始知
菩薩頭陀行勝也 △復作是念斯有家名辯才智慧乃能如是其誰
不發阿耨多羅三藐三菩提心 肇曰時謂在家大士智辯尚尔其誰不發
無上心也 ·我從是來不復勸人以聲聞辟支佛行 肇曰始知二乘之劣不復
以勸人也 △是故不任詣彼問疾 四結不堪也 ·佛告須菩提汝行詣維摩
詰問疾 肇曰秦言善吉弟子中解空第一 文二此初命也 △須菩提白佛
言世尊我不堪任詣彼問疾 二辭 文四此初辭也 △所以者憶念我昔入其
舍從乞食 三略釋所以 生曰須菩提得無諍三昧人中第一也 維摩詰機辯
難當鮮有敢闚其門者而須菩提既有此定又獨能詣之 迹入恃定
矣便有恃定之迹而致詰者豈不有為然乎 又若善吉詣貧無物施心
則有諍 今既詣富為施不難 故順無諍行也 △時維摩詰取我鉢盛滿
飯 此三廣引彈事 文五 一取鉢 二呵詰 三置鉢 四安慰 五聞益 此初也 生曰維
摩詰迹在居士有悋惜之嫌 若未與食便詰之者物或謂之然矣 故先取
鉢盛滿飯也 而不授之者 忍須菩提得鉢便去不盡言論勢也 △謂我言
唯須菩提若能於食等者諸法亦等 諸法等者於食亦等 如是行乞

解空住此平等名真福田乃可取食之中有四一法食等二深淨等三邪正
等四損益等此初也小乘内心見生死涅槃苦樂不等故外行乞食見於貧
富亦不等也大士内住實相苦樂平等故外化無緣大悲亦平等也肇曰，
万法同揆准一可知若於食等者諸法亦等諸法等者於食亦等以此行乞
乃可取食耳曷爲捨貧從富自生異想乎 若須菩提不斷婬怒癡亦
不與俱 此下二明深淨等文三初約無生四諦門二就人凡聖門三結成可
食初文四句此初了惑無生爲集諦肇曰斷婬怒癡聲聞婬怒癡俱
凡夫大士觀婬怒癡即是涅槃故不斷不俱若能如是者然乃可取食
也 不壞於身而隨一相 二悟陰無相爲苦諦也肇曰万物齊旨是非同
觀一相也然則身即一相豈待壞身滅體然後謂之一相乎身五陰身也
不滅癡愛起於明脫 三漏即無漏爲道諦也肇曰聲聞以癡瞳智
故滅癡而明以愛繫心故要解而脫大士觀癡愛真相即是明脫故不
滅癡愛而起明脫 以五逆相而得解脫亦不解不縛 四縛本不生今則無
滅爲滅諦也肇曰五逆真相即是解脫豈有縛脫之異耶五逆罪之尤
者解脫道之勝者若能即五逆相而得解脫者乃可取人之食
不見四諦非不見諦非得果非不得果非凡夫非離凡夫法非聖人非不

BD00434 净名經集解關中疏卷上

△不見四諦非不見諦非得果非不得果非凡夫非離凡夫法非聖人非不
聖人 此下二就人凡聖問也凡夫不見四諦初果見諦大士無見無不見
〻弟一義諦也二示凡證凡得故得果大士無所得故非得果也此則凡
聖一如豈有分別哉 △雖成就一切法而離諸法相乃可取食 此三結真
福田可食也肇曰不捨惡法而從善則一切諸法于何不成諸法雖成而
離其相以離其相差惡斯成矣若能備如上說乃可取食也 △若須
菩提不見佛不聞法 此下三明邪正等文三初總明背正次別明同邪後
結令取食此初也肇曰猶誨以平等也夫顛能齊是非一好醜者雖復上
同如來不以為尊下等六師不以為卑何則天地一旨万物一觀邪正雖殊
其性不二豈有如來獨尊而六師獨卑若同彼六師不見佛不聞法因
其出家隨其所墮而不以為異者乃可取食也蓋窮理盡性挺无方
之說也善惡反論而不爲其常邪正同辯而不喪其真斯可謂平等
正化莫二之道乎天台意云已前證真故食此敬田也此下為同惡故
食即悲田也 △彼外道六師富蘭那迦葉 此二明同六師肇曰姓迦葉
字富蘭那其人起邪見謂一切法斷滅性空無君臣父子忠孝之道
△末伽梨拘賒梨子 肇曰末伽梨字也拘賒梨其母名也其人起邪見謂

山獲盡自心何假求也△阿耆多翅舍欽婆羅「肇曰阿耆多字也翅舍欽
婆羅麁弊衣名也其人著弊衣自拔髮五熱炙身以苦行爲道謂今
身併受苦後身常樂也△迦羅鳩馱迦旃延「肇曰姓迦旃延字迦羅鳩
馱其人謂諸法亦有相亦無相也△尼揵陁若提子等是汝之師「肇曰尼揵
陁其出家揔名也如佛法出家名沙門若提母名也其人謂罪福苦樂本有
定因要當必受非行道所能斷也此六師佛未出世時皆道王天竺也△因其
出家彼師所墮汝亦隨墮乃可取食「此三結取食也肇曰若能同彼六師
不懷異想者乃可取食△若須菩提入諸邪見不到彼岸「此下四明損益
等也文三初明損益等次明福非益性後明罪非損性此初也肇曰彼
岸實相岸也惑者以邪見爲邪彼岸爲正故捨此邪見適彼〻岸耳邪
見彼岸本性不殊曷爲捨邪而適彼岸乎是以入諸邪見不到彼岸者
乃可取食也自六師已下至乎不得滅度類生逆謗以成大順庶通心君
子有以標其玄旨而遺其所以是也△住於八難不得無難「肇曰夫見難爲
難必捨難而求無難也若能不以難爲難故能住於難不以無難爲無難
故不得於無難也△同於煩惱離清淨法「肇曰夫能悟惱非惱雖惱而淨
若以淨爲淨雖淨而惱是以同惱而離淨者乃所以常淨也△汝得無諍三昧一切

若淨為淨雖淨而惱是以同惱而離淨者乃所以常淨也△汝得無諍三昧一切
衆生亦得是定「此下明福非益性法性妙禪定亂一音善吉羣生不容有二
如不二也則罪福無主誰福非福執墮不墮故經云非福田非不福非應供
養非不應供養肇曰善吉之與羣生性常自一焉為善吉獨得而群生
不得乎此明本不偏也△其施汝者不名福田「肇曰我受彼施令彼獲大
福故名福田耳由大觀之彼我不異誰為種者誰為田者△供養汝者墮
三惡道「肇曰五逆之損供養之益大觀正齊未覺其異若五逆而可
墮供養亦可墮也△為與衆魔共一手作諸勞侶汝與衆魔及諸塵勞
等無有異於一切衆生而有怨心謗諸佛毀於法「此下三明羅罪非損性魔
王者誘人入生死也法王者化人住涅槃也若生死涅槃性平等者魔佛二
化同一手也既曰為同等無異也肇曰又曰夫以无異故能成其異也既為其
侶安得有異肇曰怨親之心毀譽之意善惡一致孰云其異苟曰不異
亦何為同△不入衆數終不得滅度汝若如是乃可取食「夫見聖諦者
入聖衆數斷煩惱者得至滅度實相無見無不見故不入衆數無滅无
得无不得故不得滅度若能如是住真平等此真應供乃可取食肇
日夫捨惡從善人之常情耳然是非經心猶未免于累是以等觀者以存

此也△時我世尊聞此茫然不識是何言不知以何荅便置鉢欲出其舍
此第三置鉢也天台云進非其敬退非其悲故置之也肇曰淨名言逹
而理順善吉似未思其言故不識是何說便置鉢而出也△維摩詰言
唯須菩提取鉢勿懼於意云何如來所作化人若以是事詰寧有懼不
此下四淨名安慰文三初慰問次荅後釋此初也肇曰淨名欲令善吉悟平
等之道無心以聽美惡斯順而善吉本不思其言迷其所說故復引喻
以明也△我言不也 此二荅也△維摩詰言一切諸法如幻化相汝今不應、
有所懼也 此三釋也文三初標次釋後重釋也肇曰君於弟子中解空
第一既知化之無心亦知法之如化以此而聽曷為而懼也△所以者何一切言說
不離是相 此二釋也肇曰是相即幻化相也言說如化聽亦如化以化聽化
豈容有懼△至於智者不著文字故無所懼 肇曰夫文字之作生於惑
取法無可取則文相自離虛妄假名智者不著△何以故文字性離無有
文字是則解脫、相者則諸法也 三重釋也肇曰解脫謂無為真解脫也
夫名生於不足、則無名故無有文字是真解脫也則諸法者肇曰名生於
法、生於名、既解脫故諸法同解也△維摩詰說是法時二百天子得法
眼淨 此五得益也△故我不任詣彼問疾 四結不堪也△佛告富樓那弥
多羅尼子汝行詣維摩詰問疾 文三此初命也肇曰富樓那字也秦言

眼淨此五得益也故我不任詣彼問疾四結不堪也佛告富樓那彌
多羅尼子汝行詣維摩詰問疾文二此初命令也肇曰富樓那字也秦言
滿願彌多羅尼其母名秦言善知識通名為字弟子中辯才第一
富樓那白佛言世尊我不堪任詣彼問疾此二辭文四此初也所以者何
憶念我昔於大林中在一樹下為諸新學比丘說法三略釋也時維摩
詰來謂我言唯富樓那先當入定觀此人心然後說法無以穢食置於
寶器三廣引彈事前訶目連說不稱理此訶滿願不識根性文七一說
法失機二結過訶責三令識宿命四大志開發五更為說法六得不退轉七
尊者敬揖初文四別此初勸觀心本性淨不應以小乘穢法汙其〻本也肇曰
大乘自法身已上得無礙真心〻智〻獬然未嘗不定以心常定故能万事普
照不假推求然後知也小乘心有限礙又不能常定凡所觀察在定則見出定
不見且聲聞定力深者見衆生根極八万劫耳定力淺者身數而已大士所見〻
及無窮此新學比丘根在大乘〻應聞大道而為說小乘法故誨其入定也又
日穢食充飢小乘法也盛無上寶大乘器也當知是比丘心之所念無以琉璃同
彼水精三勸觀心念〻雖生滅而性無生滅此真〻寶也說生滅者為寶也肇曰
當識其心念之根本無令其〻真為不釋也汝不能知衆生根源無得發起以

以大海内於牛跡無以日光等彼螢火　四聰擧喻也肇曰大物當寘大處
曷爲迴龍象於兔徑注大海於牛跡乎日光者肇曰明昧之殊其喻若
此而欲等之者何耶有說大道法性喻法身也大海廣納喻般若也日光破
闇喻解脫也　富樓那此比丘久發大乘心中忘此意如何以小乘法而教導之
我觀小乘智慧微淺猶如盲人不能分別一切衆生根之利鈍　此二富樓那
下結過訶責也肇曰未得無生忍心皆有退忘　時維摩詰即入三昧令此比
丘自識宿命曾於五百佛所殖衆德本迴向阿耨多羅三藐三菩提　此三令
識宿命肇曰淨名將關其本意故以定力令諸比丘暫識宿命自知曾
於五百佛所殖衆德本曾已迴此功德向無上道此其本意　即時豁然
還得本心於是諸比丘稽首礼維摩詰足　此四大志開發感恩致敬
也　時維摩詰因爲說法　此五更爲說法定力暫加事不可久欲令自
悟要因說法　於阿耨多羅三藐三菩提不復退轉　此六聞法悟理於無
上道獲不退也　我念聲聞不觀人根不應說法　此七自念敬伏也
是故不任詣彼問疾　此四結也　佛告摩訶迦旃延汝行詣維摩詰問
疾　肇曰迦旃延南天竺婆羅門姓也以本姓爲名弟子中解義第一有
說迦旃延此云文飾也又云剃髮種也　迦旃延白佛言世尊我不堪任

疾 肇曰迦旃延南天竺婆羅門姓也……
説迦旃延此云文飾也又云剃髮種也△迦旃延白佛言世尊我不堪任
詣彼問疾 二辭文四此初辭也△所以者何憶念昔者佛為諸比丘略説法
要 二略釋文二此初佛先略説肇曰如來常略説有為法無常苦空無我
無為法寂滅不動此二言惣一切法盡故言略也生曰為悟所津若出由戶
也△我即於後敷演其義謂無常義苦義空義無我義寂滅義
三迦旃延廣演義者義理者也小乘以無常等五為理大乘以一實相為理由
悟此理證道非餘故云要也肇曰如來言説未嘗有心故其所説法未
嘗有相迦旃延不喻玄旨故於入室之後皆以相説也何則如來去常
故説無常非謂是無常去樂故言苦非謂是苦去實故言空非謂是
空去我故言無我非謂是無我去相故言寂滅非謂是寂滅此五者可
謂無言之教無相之談而迦旃延造撥不同聽隨心異聞無常則取其
流動至聞寂滅亦取其滅相此言同旨異迦旃延所以惑也生曰序旨
而不在辭故曰演其義也△時維摩詰來謂我言唯迦旃延無以生滅心行
説實相法 此三廣引釋事文三初惣呵次示真後得益此初也是法
生滅小乘義也悟生滅本不生滅實相義也肇曰心者何也惑相所生行
者何也造用之名夫有形必有影有相必有心無形故無影無相故無心然

也夫實相幽深妙絕常境非有心之所知非辯者之能言如何以生滅心
行而欲說乎 △迦旃延諸法畢竟不生不滅是无常義 「此二示真實
相義也此下五義破執名殊而實相之理一也 肇曰小乘觀法生滅爲無
常義大乘以不生不滅爲无常義无常名同而幽致超絕 生曰夫言无
常者據事滅驗之也終苟有滅始无然乎始若果然則生非定矣生不
定生滅孰定哉 △五受陰洞達空無所起是苦義 「肇曰有漏五陰愛
染生死名受陰也小乘以受陰起則衆苦生爲苦義大乘通達受陰內外常
空本自无起誰生苦者此真苦義 大經云凡夫有苦无諦二乘有苦有諦
菩薩解苦無苦而有真諦餘義例此可見 △諸法究竟无所有是空義
「肇曰小乘觀法緣起內无真主爲空義雖能觀空而於空未能都滅故
不究竟大乘在有不有在空不空理无不極所以究竟義也 △於我无
我而不二是无我義 「肇曰小乘以封我爲累故尊於无我无我既尊
則於我爲二大乘是非齊旨二者不殊爲無我義也又曰諸義例此亦同
不二爲實相也 △法本不然今則无滅是寂滅義 「肇曰小乘以三界熾
然滅之以求无爲夫熾然既形滅名以生大乘觀法本自不然今何所滅
不然不滅乃真寂滅也 △說是法時彼諸比丘心得解脫 「此三得益也

不然不滅乃真寂滅也 △說是法時彼諸比丘心得解脫 「此三得益也
△故我不任詣彼問疾 「四結也 △佛告阿那律汝行詣維摩詰問
疾 「肇曰阿那律秦言如意𣅜利種也弟子中天眼第一又云无滅一燈
照佛九十劫來善根不滅今得天眼第一又常受如意報故生刹利
種乃至得道 △阿那律白佛言世尊我不堪任詣彼問疾 「二釋文
四此初也 △所以者何憶念我昔於一處經行時有梵王名嚴淨與万
梵俱放淨光明來詣我所稽首作礼問我言幾何阿那律天眼所見
「二略釋文二此初梵王問也阿那律修證天眼梵王業報天眼欲比其
優劣故致問也 △我即答言仁者吾見此釋迦牟尼佛土三千大千世界
如觀掌中菴摩勒菓 「三阿那律答也肇曰時手執此菓故即以為喻
也 △時維摩詰來謂我言唯阿那律天眼所見為作相耶无作相耶
「此下三廣釋文五一難為二受屈三問真四申述五發心初文二先雙定後
雙難此初定也吳本云為受相耶无受相耶此雖意云天眼所見為取
相耶為不取相耶小乘依俗禪得天眼故取相見大乘依實相定得
天眼故見而不取相也肇曰三界報身六情諸根從結業起名為有作
相也法身出三界六情諸根不由結業生名為無作相夫以有作故有所

夫見聞之境也此有作相也欲等之乎△若無作相即是無為不應有見
若菩薩實相三昧得真天眼所見十方皆是無為不應有分別之見肇
日若無作相即是法身無為之相豈容見聞近遠之言天台云二乘依四
禪得五通則与外道等若觀四諦斷惑釋滅無為雖異外道則無有見
△世尊我時默然 三受屈也肇日欲言作相則同外道欲言無作則違前
見意故不知所荅△彼諸梵聞其言得未曾有即為作礼而問日世孰
有真天眼者 此三梵王歎問肇日諸梵謂天眼正以徹視遠見為理而
淨名致詰殊違本途疑有真異故致斯問者也△維摩詰言有佛世
尊得真天眼常在三昧悉見諸佛國不以二相 此四荅真也肇日真天
眼謂如來法身無相之目也幽燭微形巨細兼覩万色弥曠有若目前
未嘗不見而未嘗有見故無眼色之二相二乘在定則見出定不見如来
未嘗不見故常在三昧也叡日如来天眼入佛眼中雖緣無緣故不以二
相又流不以淨穢二相又有説不以動靜二相也△於嚴淨梵王及其眷屬
五百梵天皆發阿耨多羅三藐三菩提心礼維摩詰足已忽然不現
此五聞勝發心肇日其所發明成立若此△故我不任詣彼問疾
四結也△佛告優波離汝行詣維摩詰問疾 秦言上首弟子中持
[illegible]

[illegible]
四結也 佛告優波離汝行詣維摩詰問疾 奏言上首弟子中持
律第一 優波離白佛言世尊我不堪任詣彼問疾 二辭文四初辭也
所以者何憶念昔者有二比丘犯律行以為恥不敢問佛來問我言唯
優波離我等犯律誠以為恥不敢問佛願解疑悔得免斯咎
三略釋文二初來問後為解此初也肇曰愧其所犯不敢問佛以優波
離持律第一故從問也 我即為其如法解說 三為解持律有二
法身性淨之律二陰身口之律今優波離持身口之律見罪生滅壞
法身無相之律故為訶也 肇曰如法謂依戒律決其罪之輕重示其
悔過法也 時維摩詰來謂我言唯優波離無重增此二比丘罪當
直除滅勿擾其心 此三廣引中文二初彈呵二比丘薰伏初呵文六
初直呵勸二解釋所以三引證四問答五分別六結成此即初呵無重增
薰勸直滅小乘以犯戒為罪生大乘以取相為罪生即既令見罪懺
悔是名重增又二比丘迷於實相妄見罪生今來懺悔又見罪滅重增
滅見故云重增 肇曰二比丘既犯律行疑悔情深方重結其罪則封累
彌厚封累彌厚則罪垢彌增當直說法空令悟罪不實封累情除
則罪垢斯滅 矣天台云懺悔法有三一者戒門依律法懺是二功德·

在內不在外不在中間　此二解釋也肇曰夫罪累之生因緣所成求
其實性不在三處如然因彼我彼我即內外也自我即非然自彼亦非然彼
我既非豈在中間衆緣所成尋之悉虛也　如佛所說心垢故衆生垢
心淨故衆生淨心亦不在內不在外不在中間如其心然罪垢亦然諸法亦
然不出於如　此三引佛語證文有引有釋有結有類也肇曰迷知，
其本也夫執本以知其末守母以見其子佛言衆生垢淨皆由心起求
心之本不在三處心既無在罪垢可知也諸法亦然者肇曰万法云云皆由
心起豈獨垢淨之然哉故諸法亦然不離於如如謂如本相也　如優
波離以心相得解脫時寧有垢不　此四問荅比小明大也文有問荅釋三
肇曰得解脫時謂其初成羅漢得第九解脫尒時心真一義無復心
相欲以其心類明衆生心故先定其言也　我言不也　二荅也
維摩詰言一切衆生心相無垢亦復如是　三比釋也肇曰群生心相
如心解相生曰衆生心相无垢理不得異但見与不見爲殊耳　唯優波
離妄想是垢無妄想是淨　此五分別本性無垢文三初明妄垢非垢
次明諸法不住後明內心妄見此初也生曰垢實無也在妄想中是垢耳若
無妄想垢即淨也妄想者妄分別之想也　顛倒是垢无顛倒是淨

無妄想垢即淨也妄想者妄分別之想也△顛倒是垢无顛倒是淨
倒心見垢離倒則非垢　生曰見正轉也見轉於內則妄分別外事也
△取我是垢不取我是淨　取我即着垢離我則無垢也肇曰見罪則存我
也△優波離一切法生滅不住如幻如電諸法不相待乃至一念不住
三明諸法不住故無自性肇曰成前無相常淨義也諸法如電新々不停一
起一滅不相待也彈指頃有六十念過諸法乃无一念頃住況欲久停無住則
如幻々則不々實々則為空々則常淨然則物々斯淨何有罪累於我哉△諸法
皆妄見如夢如焰如水中月如鏡中像以妄想生　此三明妄見也肇曰上
明外法不住此明內心妄見俱辯空義內外為異耳夫以見妄故所々見不々
實々故無相常淨也上二喻取其速滅此四喻取其妄想也△其知此者是
名奉律其知此者是名善解　此六結也若能悟罪無生知心不住是名真
解奉持法身無相之律也肇曰若能知此乃名善解不知此法而稱
持律第一者何耶今知優波離深教意也△於是二比丘言上智哉
是優波離所不及持律之上而不能說　此下第二歎伏文三初正
歎二尊者伏過三比丘發心此初歎也肇曰二比丘悟罪常淨無復疑
悔故致斯歎△我答言自捨如來未有聲聞及菩薩能制其樂

作是願言令一切衆生皆得是辯 三明除疑發心法身妙律諸佛所持悟解除疑因之發趣什曰有罪則憂怖自生罪无則疑悔自滅

△故我不任詣彼問疾 此四結也△佛告羅睺羅汝行詣維摩詰問疾 肇曰羅睺羅秦言覆障六年為母胎所障因以為名弟子中持戒第一又云密行第一故法華經云羅睺羅密行唯我能知

△羅睺羅白佛言世尊我不堪任詣彼問疾 二辭文四此初辭也

△所以者何憶念昔時毗耶離諸長者子來詣我所稽首作礼問我言唯羅睺羅汝佛之子捨轉輪王位出家為道其出家者有何等利 此下二略釋文二此初問也諸長者子心慕出家父母所制覩羅睺羅捨轉輪王十善之化而剃落從道必有大利勝在家修故從而問焉△我即如法為說出家功德之利 二答也出家有二一者深猒生死樂求涅槃有證有得有利可說名為小乘二者悟三界如幻無生无滅無證無得無利可說此名大乘今羅睺羅謬讃小乘涅槃之利既有利可說非密行也未若大乘不取不捨无得无證無利可說真密行也 生曰世榮雖樂難可久保出家之理長樂無為豈可同年語其優劣哉△時維摩詰來謂我言唯羅睺羅不應說出家功德之利 此下三廣引彈事文五一可不應

言唯羅睺羅不應説出家功德之利　此下三廣引彈事文五一可不應
説二解釋所以三示真出家四結真出家五勸修真出家此初揔呵也
體本法身三界如幻不生不滅名爲出家此則損益兩亡無利可説故呵
不應也　所以者何無利無功德是爲出家　二徵釋所以文二此初略釋
也肇曰夫出家之意妙存無爲〻〻之道豈容有功德利乎　有爲法者可
説有利有功德夫出家者爲无爲法无爲法中無利無功德　次二應
廣〻釋也第一義諦名法性無爲森羅万像同歸此理悟此理者無得無
證名真出家非二乘擇滅有得證者名出家也肇曰夫有无爲之果必有
無爲之因〻果因同相自然之道也出家爲无爲即無爲之因也無爲無利
無功德當知出家亦然矣　唯羅睺羅夫出家者無彼無此亦無中間
此三示真出家肇曰上真明出家之義自下明出家之事雖去其事
然是无事〻耳則出家者以去累爲志無爲〻心以心无爲故所造衆德
皆無爲也文三此初内證德也肇曰爲出家者惡此生死尊彼涅槃故
有中間三處之異真出家者遺万累忘彼此豈有是非三處之殊哉
離六十二見處於涅槃　肇曰既無彼此則離衆邪見同涅槃也六十二
見者大品云外道依過去計神及世間常无常等四見依未來世計神

智者所受聖所行處　肇曰賢智聞之而從衆聖履之而通可謂真
出家之道乎　降伏衆魔　此二約降魔顯德見實相則蘊魔
自空蘊空則諸魔自伏肇曰衆魔者四魔也正道既夷邪徑自塞
度五道　肇曰五道非无爲之路又云生死五道性是涅槃故名度
淨五眼得五力立五根、　體實相則垢曈永亡曈亡則五眼自淨五力五、
根亦自然增長　不惱於彼　肇曰道超事外与物无逆何惱之有
離衆雜惡　肇曰俗善雖善由雜不善道法真淨故純善不雜也
摧諸外道　三伏外道也肇曰日月不期去闇而闇自除出家不期摧
外道、自消　超越假名　肇曰万事万名虛假以生道在真悟故超假
名　出淤泥无繫著　肇曰出生死愛見之淤泥无出家受道之繫
著　無我所無所受　肇曰出家本乎無我離著則諸受永亡肇
曰無受也欲受我受戒受見受　無擾乱內懷喜　肇曰夫擾乱出乎
多求憂苦生于不足出家容欲擾乱斯無道法內充故懷喜有餘
護彼意隨禪定離衆過　住實相則不忤物心不違禪定生滅不起
焉有過患哉　若能如是是真出家　此四結真出家肇曰若能
不違上說乃應出家之道非存利之所能也　於是維摩詰語諸長

不違上說乃應出家之道非存利之所能也　於是維摩詰語諸長
者子汝等於正法中宜共出家　此五所既緣礙勸心出家也文四一辯二勸三釋
勸意四得意出家此初勸悟理出家也　所以者何佛世難值
肇曰淨名知其不得出家而勸之者欲發無上道心耳　諸長者子言
居士我聞佛言父母不聽不得出家　二不悟勸意辯有礙也肇曰非不
欲出家不敢違親耳　維摩詰言然汝等便發阿耨多羅三藐三菩
提心是即出家是即具足　三釋勸意肇曰雖爲白衣能發無上
心者便爲出家具足戒行矣　尒時卅二長者子皆發阿耨多羅三藐
三菩提心　四得意心發　故我不任詣彼問疾　此四結辯也
佛告阿難汝行詣維摩詰問疾　肇曰阿難秦言歡喜弟子中
揔持第一　阿難白佛言世尊我不堪任詣彼問疾　三辯文四此
初辯也　所以者何憶念昔時世尊身小有疾當用牛乳我即持
鉢詣大婆羅門家門下立　此二略釋所以數日現身有疾者亦不
可一途而論特以淺識之流取信耳目於如來身而起方相故敕阿難
不違使感同衆人淨名高呵以開法身之唱使見聞之徒悟應感
難期無方莫惻兼寄迹取乳除彼貪求假過阿難以明小乘之方

非乞食時必有以也△我言居士世尊身小有疾當用牛乳故來
至此 二答如來為物受生有疾用乳阿難侍佛故行求乞
△維摩詰言止止阿難莫作是語 此二彈呵文四初略止二謗二略顯真身
三廣止二謗四廣顯真身此初略止二謗也天台云無病言病增謗也
德圓言感損謗也佛身無生應物現生有身則有疾小乘執實故
云謗也大乘知應故非謗也豈復離此現疾別有不謗之法身哉
△如來身者金剛之體諸惡已斷衆善普會當有何疾當有何惱
二略顯真身金剛體者喻不生不滅常住法身也諸惡斷解脫也衆
善會般若也肇曰夫病患之生行業所為耳如來善無不積惡無不
消體若金剛何患之有△嘿往阿難勿謗如來莫使異人聞此麁言
三廣止二謗先止增謗也文三初勸嘿也謗佛麁言異人聞之必募說故令
嘿往生曰肇云是實為謗佛也又曰病為常近麁之㮣也不達聞之必謂妖
矣△無令大威德諸天及他方淨土諸來菩薩得聞斯語 二智聞必哂
威德諸天淨土菩薩以已福惠不受疾報方於如來知應現也生曰以彼推
已無疾必達佛矣而此言實病不亦哂斯語之不得乎△阿難轉輪聖
王以少福故尚得無病豈況如來無量福會普勝者哉 三近事驗之

王以少福故尚得無病豈況如来無量福會普勝者哉　三近事驗之
轉輪聖王乃不及欲界諸天但以人中少福尚得無病豈況如来普勝三
界而有病哉△行矣阿難勿使我等受斯恥也外道梵志若聞此語當作
是念何名爲師自疾不能救而能救諸疾人可密速去勿使人聞
此下二明損謗也苟執不去非徒佛有斯謗我等亦受其恥肇曰正士聞則
謂汝不達邪士聞則謂佛實病何名爲法之良醫身疾不能救而欲救
人心疾乎△當知阿難諸如来身即是法身非思欲身　此下四廣顯真
身初就四德顯真此初無相法身大非應現非思業貪欲之所牵生自在應
物是我德也三界有待之形名思欲身也生曰如来身從實理中来起不由彼
應有何病耶△佛爲世尊過於三界　二明三界受生苦也悟界如幻不不
受生故樂也生曰既以思欲爲原便不出三界三界是病之境也佛爲悟理之
體超越其域應有何病也△佛身无漏諸漏已盡　三明惑深生身漏也
智證法身無漏即性淨也肇曰夫法身虚微妙絶常境情累不能染心
想不能議故曰諸漏已盡△佛身無爲不墮諸數　四明有爲之身四相
所遷數也佛身無生離生滅相常也肇曰法身无爲而無不爲無不爲故現
身有病無爲故不墮有數也△如此之身當有何疾　二結也如此常樂我淨金

以此懷媿肇曰受使若此致譏若彼進退懷媿慼謂深聽也 即聞空中
聲曰阿難如居士言但為佛出五濁惡世現行斯法度脫衆生 二聲空
舉應顯真疾身應物也無為本真也肇曰以其媿慼故空聲慰之如居士
言何有无漏之體嬰世之患但為度五濁群生故現斯疾取乳勿慙也五濁
者劫濁衆生濁煩惱濁見濁命濁 行矣阿難取乳勿慙 三若知權化
現疾即非謗佛取乳勿慙也 世尊維摩詰智恵辯才為若此也
是故不任詣彼問疾 此四結辭也 如是五百大弟子各各向佛說其本緣
稱述維摩詰所言皆曰不任詣彼問疾 此二總述辭也

菩薩品第四 此三明折伏方便菩薩令歸圓妙前既聲聞
致辭故次命菩薩然發菩提心總名菩薩而根有利鈍教有漸頓
或事脩而未悟於理或悟偏而未進於圓或漸證而未極於頓今將
迴事以向理折偏以進圓斥漸而詣頓故因命問疾以調伏之皆菩薩
佛事故名品焉文二先別明四大士此初慈氏也 於是佛告彌勒菩薩汝行
詣維摩詰問疾 文二如前此初命也彌勒此云慈氏肇曰彌勒南天竺
婆羅門姓出此姓即以為名五百弟子皆已不任故復命菩薩者將備
顯淨名難酬之德也 彌勒白佛言世尊我不堪任詣彼問疾 此二辭

頭淨名難酬之德也△弥勒白佛言世尊我不堪任詣彼問疾　此二辭
文四比初辭也△所以者何憶念我昔為兜率天王及其眷屬説不退轉
地之行　此二略釋所以什曰此天以弥勒將上為天師預懷宗敬故常來聽
法也又云不退轉地者或六度行滿名為不退或初證地名為不退天王
雖已發心然内有五欲外有勝境恐其退轉因以勸之肇曰下呵文實無
發心亦無退者以此推之似存不退之行勸發无上心也雖曰勝期猶未免乎
累教迹不泯故致斯呵然經云補處大士心无不一智無不周應物而動
何關之有是由得失同懷修短迭應利彼而動無計諸己故弥勒假有以
啓始淨名居宗以濟終乎為鄰近器彼淳朴雖復迹同儒墨致教不一
然相成之美實存其中矣△時維摩詰來謂我言弥勒世尊授仁者記
一生當得阿耨多羅三藐三菩提　此三廣引彈事文五一先定得記二破
執授記三舉例返破四顯菩提相五聞真得益此初定也生曰阿耨多
羅者無上也三藐三者正遍也菩提者彼語有之此無名也實即體極居
終智惠也一生者無復無量生餘一生也△為用何生得授記乎過去耶未
來耶現在耶　此下二正破授記文三初就生門彈次就無生門彈後就平等
門彈初中文三一先定三世二難破三世三彈引證此初定也肇曰發無上心猶

致以㣲菩提莫二之道也夫有生即有記無生即無記故推斥三世以何生
而得記乎△若過去生過去生已滅　┐二難破也肇曰別推三世明無生也過
去生已滅法不可謂之生也生曰無復有也△若未來生未來生未至
┐肇曰未來生未ゝ至ゝ則無ゝ法ゝ以何為生也生曰竟未有也△若現在生現在生
無住　┐肇曰現法流速不住以何為生耶若生滅一時二相俱壞若生滅異時
即生ゝ時ゝ無ゝ滅時法ゝ無ゝ三ゝ相ゝ即非有為也盡有三相即有无窮之名三世
既無生於何而得記乎生曰生時已去未始暫停豈可得於中成佛耶
△如佛所說比丘汝今即時亦生亦老亦滅　┐三引證肇曰證無住義生曰新ゝ生
滅交謝已謝豈待白首然後為變乎△若以無生得授記者無生即是正位
於正位中亦無授記亦无得阿耨多羅三藐三菩提云何彌勒受一生記乎
此二約無生門釋文二初約理破二約行破此初也肇曰上推有生無記
此推無生亦無ゝ生即七住無相真正法位也此位為理無記無成彌勒於
何授一生記乎△為從如生得授記耶為從如滅得授記耶　┐此二約川
破文二此初雙定為見如智生授記為見如惑滅授記耶肇曰如雖無生滅
而生滅不異如然記別起于生滅真ゝ會獨于即故真假如之生滅以明記
別之不殊也什曰夫授記要由得如本未得而今得似若有起如起即累滅

别之不殊也什曰夫授記要由得如本未得而今得似若有起如起即累滅
亦似有物於中滅故先問其起滅以明無起滅也 若以如生得授記者如無
有生若以如滅得授記者如无有滅 二明雙破生滅若見如智生如體不
生智亦無生若見如惑滅如體無滅惑亦不滅智无生即本覺惑無滅
即寂滅此不生不滅豈有授記哉肇曰如非不生滅非有生滅非不生滅
故假以言記非有生滅以知無記 一切衆生皆如也一切法亦如也
衆聖賢亦如也至於弥勒亦如也此三約平等一如破文二初揔举
平等也一切衆生有情也一切法無情也衆聖賢二乘也肇曰方品
雖殊未有不如〃者將齊是非一愚智以成無記無得義也
若弥勒得授記者一切衆生亦應授記所以者何夫如者不二不異
此下二别約三德平等破也此初約真如理等法身德破也弥勒衆
生理等法身德破如無二會如授記豈有得不得之〃哉肇曰凡聖
一如豈有得失之殊哉生曰二者直二事也異者二相殊也 若弥勒
得阿耨多羅三藐三菩提者一切衆生皆亦應得所以者何一衆生
即菩提相 二約本覺平等智德破也菩提此云覺亦云智謂無相
極智平等本覺也若煩惱即菩提則一切衆生皆菩提相豈弥勒

何佛知一切衆生畢竟寂滅即涅槃相不復更滅　三約平等寂
滅解脫德破涅槃此云滅度若法本不生今即無滅為寂滅者即
一切衆生本来滅度豈弥勒獨證之耶肇曰本性常滅今復何
滅生曰然終既至滅始滅驗矣始若果滅終豈滅哉然知衆生即
涅槃相不復更滅是盡為滅而不滅也　是故弥勒無以此法
誘諸天子實無發阿耨多羅三藐三菩提心者亦無退者
此下三舉例返破平等菩提果尚無記豈初心及不退行耶肇曰平等
之道實無發心亦無退者而以不退之行誘其發心亦其受記者何耶
弥勒當令此諸天子捨於分別菩提之見　四顯真菩提相文三此初
勸捨分別無相平等是菩提相若分別始終有退不退是見分別非見
菩提肇曰菩提以寂滅為相生死同相而諸天子早生死尊菩提雖曰勝
求更生塵累宜開以正路捨之分別昌為亦以道記增其見乎　所以者何
菩提者不可以身得不可以心得　此二略徵釋身心無所得相是菩提相也
肇曰自此下大明菩提也道之極者稱曰菩提秦言无以譯之菩提蓋是正
覺無相之真智乎其道虛玄妙絶常境聽者無以容其聽智者無
以運其智辯者無以措其言像者無以狀其儀故其為道也微妙

BD00434　淨名經集解關中疏卷上

覺無相之真智乎其道虛玄妙絶常境聰者無以容其聰智者無
以運其智辯者無以措其言像者無以狀其儀故其為道也微妙
無相不可為有用之彌勤不可為無故能幽鑑万物而不曜玄軌超駕而
弗夷大包天地而罔寄曲濟群惑而無私至能道者達殊方開物成
務玄機必察無思無慮然則無知而無不知無為而無不為者唯菩提
大覺之道也此無名之法固非名也不知所以言故強名曰菩提斯無為之
道豈以身心而得乎△寂滅是菩提滅諸相故　此三歷法廣顯菩提相
亦可前是能破此是能立又前破而不斷此立而不常又前破而不滅此立
而不生又前會而不一此別而不異又前去而不去此存而不來斯妙道之無方
也觀夫聖人體極因物立名所以教名悉檀理窮實相非夫久殖善本
莫能究其深廣哉是故前以無生滅故無菩提記此以無生滅故證寂
滅名寂滅菩提寂滅無緣故不觀寂滅無念故不行寂滅無見故寂滅無
妄想故離寂滅無願求故障寂滅無著故無入寂滅即玄如故順理寂滅
即法性故安住寂滅返生滅之際故至實際諸句例然不復廣說肇曰妙，
會真性滅諸法相故菩提之道與法俱寂△不觀是菩提離諸緣故
肇曰觀生於緣離緣即無觀也△不行是菩提無憶念故　肇曰行生於念
無念故無行△斷是菩提捨諸見故離是菩提離諸妄想故　肇曰諸見

順於如故住是菩提住法性故至是菩提至實際故　肇曰不異三空菩提
義也隨順本相謂之如故計之以順常住不變謂之性故計之以住到實
相彼岸謂之際故計之以至也　△不二是菩提離意法故　肇曰意与
法爲二菩提無心何法之有也　△等是菩提等虛空故　肇曰無心於等而無不
等故謂若虛空　△無爲是菩提無生住滅故智是菩提了衆生心行故
肇曰菩提不有故無生滅菩提不無故了知衆生心也　△不會是菩提諸入不
會故　肇曰諸入內外六入俱空故諸入不會不會即菩提相　△不合是菩提離煩惱
習故　肇曰生死所以合煩惱之所纏離惱故無合無合即菩提也　△無處是菩
提無形色故假名是菩提名字空故　肇曰外無形色之處內無可名之實
△如化是菩提無取捨故　肇曰菩提無取捨猶化人之無心也　△無亂是菩提
常自淨故　肇曰內心既常靜外亂無由生　△善寂是菩提性清淨故
肇曰性无不淨故寂無不善善寂謂善順寂滅常淨之道也　△無取是菩提離
攀緣故　肇曰情有所取故攀於前緣若離攀緣即無取也　△無異是
是菩提諸法等故　肇曰万法同體是非一致不異於異者其唯菩提乎
△無比是菩提無可喻故　肇曰第一大道無有兩正獨絕群方故無以喻也
△微妙是菩提諸法難知故　肇曰諸法幽遠難測非有知之所知以菩提無知

微妙是菩提諸法難知故 肇曰諸法幽遠難測非有知之所知以菩提無知
故無所不知無知而無不知者微妙之稱也 世尊維摩詰説是法時二百天
子得無生法忍 此五明悟真記不記真得不得故獲益也 故我不任詣
彼問疾 此四結也 佛告光嚴童子汝行詣維摩詰問疾 文二如前
此初命也 光嚴童子白佛言世尊我不堪任詣彼問疾 此二辭也文四此
初辭也 所以者何憶念我昔出毗耶離大城 此二略釋所以也光嚴接近故
詰閑林為道場淨名詣理故諠靜一如為道場出入之迹其在茲也生昔
詰在常出實有以也 時維摩詰方入城我即為作礼而問言居士從・
何所来 此下三明廣引彈事文五一礼問二略答三重問四廣答五衆益
此初也生曰城門是人所湊處故得因廣化切也作礼者迹同鄉黨現脩
長幼之礼而問以取其来自有從也 答我言吾從道場来 二略答肇
曰閑宴脩道之處謂之道場也光嚴志好閑獨每以靜處為心故出毗
耶將求道場淨名懸鑒故現從外来將示以真場啓其封累故逆云
吾從道場来者以明道無不之場無不在若能懷道場於胸中遺万累
於身外者雖復形處憒閙迹与事隣乘動所遊非無道場也又曰實・
相理遍為場万行通澄為道生曰得佛之處也 我問道場者何所
是 三重問肇曰會其所來故尋問也 答曰直心是道場無虛假故

此下卅句廣約諸法明道場此初約心辯也肇曰修心進道無乱之境是道
場耳若能標心爲主万行爲場不越方寸道自修者乃真道場曷爲近
捨閑境而遠求空地乎直心者謂内心真直外無虛假斯乃基万行之本
坦進道之場自此已下備列諸行盡是修心之閑地弘道之靜場也又解如世
間和麩之麦皆詣場鞭打麩去麦全修道亦然佛性精粹雜煩惱麩將
修行者正見實相爲場對治万行爲鞭打斷惑證真爲颺篩如真心以
虛假爲糠麩布施以慳貪爲糠麩諸句例知　發行是道場能辯事
故　肇曰心既真直則能發〻逆〻造〻行〻即事業斯辯者也　深心是道場
增益功德故　肇曰既能發行即樹心〻弥〻深〻則功德弥增者也　菩提心是
道場無錯謬故　肇曰直心入行轉深則變爲菩提心也此心真正故所見不
謬凡知道者要始四心〻既生則六度衆行無不成也　布施是道場不望報
故　此下十六約行明住實相真場行皆造極肇曰施不望報無相行也夫
言有不失無言無不失有〻無異說而不乖其本者其唯大乘道乎然即
万行雖殊以無相爲體無而不無故即有爲實有而不有故施戒爲一此経
前後至於辯列衆行有無不同皆能領其所同則無異而不同也　持戒是
道場得願具故　肇曰未有戒具而願不具者　忍辱是道場於諸衆生

BD00434　净名經集解關中疏卷上

道場得願具故　肇曰未有衆具而願不具者　忍辱是道場於諸衆生
心無礙故　肇曰懷忿則心礙　精進是道場不懈退故禪定是道場心調柔故
智惠是道場現見諸法故　肇曰万法森羅現若目前智惠之能也又曰即事
見理爲現見也　慈是道場等衆生故　肇曰等心怨親欲其安樂慈行也
悲是道場忍疲苦故　肇曰見苦必赴不辭湯炭悲行也　喜是道場悅
樂法故　肇曰以己法樂〻彼同悅喜行也　捨是道場憎愛斷故　肇曰夫
慈生愛〻生着〻生累悲生憂〻生惱〻生憎慈悲雖善而累相已生故兩捨
以平等觀謂之捨行　神通是道場成就六通故　四禪世定但發五通實相
真禪得漏盡也　解脫是道場能背捨故　解脫八解脫二乘八解背捨
八邪大乘八解邪正俱背深證實相背捨万累也　方便是道場教化衆生
故四攝是道場攝衆生故　肇曰方便起乎弘化四攝生乎來衆也　多聞是
道場如聞行故　肇曰聞不能行与禽獸同聽也　伏心是道場正觀諸
法故　木非繩不直心非理不正故心之調也必正觀實相肇曰心之性也強
梁即觀邪調伏即觀正也　卅七品是道場捨有爲法故　此下三科約法
明道場什曰道品斷受生故名捨有爲肇曰卅七品無爲之因也又曰無爲即

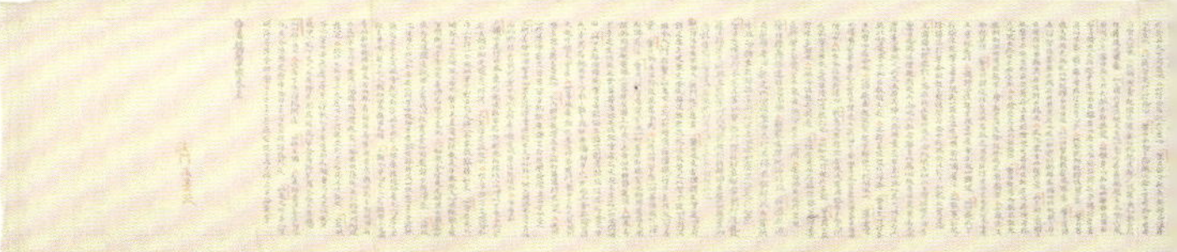

因緣相生起也小乘觀十二緣無明滅即行滅非實相真場大乘觀因緣不生
不滅無〻明亦無〻明盡此實相真場也 △諸煩惱是道場知如實故衆生
是道場知无我故一切法是道場知諸法空故 ㄱ此三科約所治惑明道場謂
迷即衆惑悟即真場 肇曰煩惱之實性衆生之無我諸法之空義皆道之
所由生 △降魔是道場不傾動故三界是道場無所趣故師子吼是道場
無所畏故 ㄱ此下諸科約佛果德明坐菩提樹往寂滅場不着三界不惑四魔
能師子吼也 肇曰降魔兵而不為所動遊歷三界而不隨其趣演無畏法〻
音而無難 △力無畏不共法是道場無諸過故三明是道場無餘礙故
ㄱ法身無過即衆德自顯心無餘翳則惠明普照 肇曰佛具卅二業而無一
闕明通達而無礙斯皆大道之所由生也 △一念知一切法是道場成就一切
智故 ㄱ什曰二乘法以卅四心成道大乘唯以一念則確然大悟具一切智也 肇曰
一切智者智之極也朗若晨曦衆冥俱照澄若靜淵群像並鑒無知而
無所不知者其唯一切智乎何則夫有心則有〻封〻則有壃封壃既形則其
智有涯其智有涯則所照不普至人無〻心〻則無〻封〻則無壃封壃既無則
其智无涯其智無涯則所照無際故能以一念一時必知一切法也一切智雖曰行
果蓋亦万行之一耳會万行之所成者其唯無上道乎故所列衆法皆為道

BD00434 净名經集解關中疏卷上

其智无涯其智無涯則所照無際故能以一念一時必知一切法也一切智雖曰行摽益亦万行之一耳會万行之所成者其唯無上道乎故所列衆法皆為道場也生曰一念無不知者始乎大悟時也以向諸行終得此事故以名焉以直心為行初義極一念知一切法不亦是得佛之處乎 如是善男子菩薩若、應諸波羅蜜教化衆生諸有所作舉足下足當知皆從道場來住於佛法矣 此下三結成肇曰若能應上諸度以化天下者其人行則遊道場心則任佛法舉動所之無非道場 說是法時五百天人皆發阿耨多羅三藐三菩提心 此五明得益也 故我不任詣彼問疾 四結也

佛告持世菩薩汝行詣維摩詰問疾 文二此初命也 持世白佛言世尊、我不堪任詣彼問疾 二辭文四此初也 所以者何憶念我昔住於靜室 此下三略釋文五一住靜室二魔來三不識四施女五不受此初 持世避諠住靜捨惡化善皆迹示方便軌之初學 時魔波旬從万二千天女狀如帝釋鼓樂弦歌來詣我所與其眷屬稽首我足合掌恭敬於一面立 此二魔作帝釋來也肇曰波旬秦名煞者或名極惡斷人善根因名煞者違佛亂僧罪莫之大極惡也什曰帝釋是佛弟子知其不疑故作釋形來也持世不作意觀他心故不見也天台云方便菩薩不知魔來有三意一未

應有不當自恣當觀五欲無常以求善本於身命財而修堅法
此三持世不識猥為說法誡之以自恣獸之以無常偹之以三堅 生曰從女絃
歌是自恣法也稲有而自恣者覆為罪之根者也五欲者五情所欲也
用為自恣寶之必深覺其無常然後能以之求善本矣肇曰三堅法
身命財寶也若忘身命弃財寶去封累而修是者必獲無極之身無
窮之命無盡之財此三天地焚而不燒劫數終而而不盡故名堅法以天帝
樂著五欲不慮無常故勸修堅法也△即語我言正士受是万二千天女
可備掃灑 此四魔更施女為亂也生曰因其說法故可說以從善實欲以
女亂之矣△我言憍尸迦無以此非法之物要我沙門釋子此非我宜
此五不受女非順道之緣故捨而不受若法身正觀万品一如無非不順
肇曰持世菩薩時為比丘也△所言未訖時維摩詰來謂我言非帝釋
也是為魔來嬈固汝耳 此三廣引彈事文中有八一覺悟二乞女三欲
隱四勸捨五魔捨六說法七請女八還女此初淨名覺悟肇曰以持世不
覺故發其狀也△即語魔言是諸女等可以與我如我應受 此二淨名
索女肇曰將化諸女故現從其索我為白衣應受此女㝵為以与沙門釋
子乎△魔即驚懼念維摩詰將無惱我欲隱形去而不能隱盡其神

BD00434　淨名經集解關中疏卷上

子乎△魔即驚懼念維摩詰將無惱我欲隱形去而不能隱盡其神
力亦不得去 「此三魔欲隱去肇曰淨名神力之所制也△即聞空中聲
曰波旬以女與之乃可得去 「四空聲勸捨女也肇曰淨名以魔迷固故化
導之也△魔以畏故俛仰而與 「此五魔捨女生曰推輕重留女故當勝
自不得去也△爾時維摩詰語諸女言魔以汝等與我今汝皆當發阿
耨多羅三藐三菩提心即隨所應而為說法令發道意 「此六淨名為女
說法也文二此初令發心也肇曰在魔故從欲在我宜從道教△復言汝等
已發道意有法樂可以自娛不應復樂五欲樂也 「此下二勸修行文三一
勸二問三答此初勸樂法捨欲也肇曰女人之性唯欲是樂以其初捨天樂
故示以法樂夫能以弘道為美積德為忻者雖復經苦履難而不改其
樂天地所重無易其忻以此自娛樂之極也豈五欲之足存自此已下備列
諸行以明超世之道至歡之所由生也△天女即問何謂法樂 「二不解故問
也△答曰樂常信佛樂欲聽法樂供養眾樂離五欲 「三淨名答之
四此初樂生四信謂歸三寶及歎欲持戒肇曰信而後悅莫若三寶樂離
五欲者什曰是信戒也△樂觀五陰如怨賊樂觀四大如毒蛇樂觀內入如空
聚 「此二樂厭苦報也什曰如方便品中說也肇曰善惡必察何樂如之也

樂廣行施樂堅持戒樂忍辱柔和樂懃集善根樂禪定不亂樂離垢
明慧 此二明六度正行也什曰世俗慧中不能生樂要得无漏慧離垢即
至樂自生也 樂廣菩提心 此下三遍修万行肇曰彼我兼得謂之廣也
樂降伏衆魔樂斷諸煩惱 魔怨散而衆病消故樂也 樂淨佛國土
樂成就相好故修諸功德 依報淨而正報圓何樂如也 樂莊嚴道場
嚴万行之因場詣道樹之果場 樂聞深法不畏 什曰心無近着心不耶
疑又能信諸佛有不思議法故能聞深法心不生畏也 樂三脫門不樂
非時 肇曰三脫空無相無作也縛以之解謂之脫三乘所由謂之門二乘
入三脫門不盡其極而中路取證謂之非時此大士之不樂也 樂近同
學樂於非同學中心無恚礙 肇曰異我自彼名為生恚非同學
外道黨也 樂將護惡知識樂近善知識 護惡不捨大悲近善
能成大智 樂心喜清淨 肇曰清淨是實相真法喜 樂修無
量道品之法 適化無方故道品無量肇曰法樂無量上略言之耳
是為菩薩法樂 此四結也 於是波旬告諸女言我欲與汝俱還天宮
此下波旬誘女也文二此初誘也肇曰先聞空中聲畏而言与非其真心故欲
俱還也 諸女言以我等与此居士有法樂我等甚樂不復樂五欲樂也

俱還也　諸女言以我等与此居士有法樂我等甚樂不復樂五欲樂也
二女辭也　肇曰已屬人矣兼有法樂何由返也　魔言居士可捨此女一切所有
施於彼者是為菩薩　此八還女文五一索女二還女三請法四為說五随
還此初索也　肇曰淨名化導既訖魔知其不恡故請也菩薩之道一切無悋
想能見還也　維摩詰言我已捨矣汝便將去令一切衆生得法願具
足　三還女也　肇曰因事與願菩薩常法也以女還魔願具滿故因以生願
一切衆生得法願具足如魔之願滿也　於是諸女問維摩詰我等云何止
於魔宮　三弟子辭師故請法也　肇曰昔在魔宮以五欲為樂今在菩薩
以法樂為樂復還魔天當何所業耶　維摩詰言諸姊有法門名无
盡燈汝等當學　四大士為說無盡燈法文三此初標名勸也　肇曰將遠
流大法之明以照魔宮痴冥之室故說此門也　無盡燈者譬如一燈然百
千燈冥者皆明明終不盡如是諸姊夫一菩薩開導百千衆生令發阿
耨多羅三藐三菩提心於其道意亦不滅盡隨所說法而自增益一切
善法是名無盡燈也　二釋勸法喻合可見　肇曰自行化彼則功德弥增
法光不絶名無盡燈　汝等雖住魔宮以是無盡燈令無數天子天女發阿
耨多羅三藐三菩提心者為報佛恩亦大饒益一切衆生　三結勸學也

任詣彼問疾　此四結辭不堪也　△佛告長者子善得汝行詣維摩詰問
疾　文二此初命也梵云須達多亦云善得亦云善施即給孤獨也因緣如
別　△善得白佛言世尊我不堪任詣彼問疾　二辭文四此初辭也
△所以者何憶念我昔自於父舍設大施會供養一切沙門婆羅門及諸外
道貧窮下賤孤獨乞人期滿七日　二略釋也往家大士故於父舍行施
化同類也生日婆羅門法七日祠梵天行大施期生彼也言已乘嫡燧葉於
父舍然也齋之可以致明法施大矣什曰所以乃至第七日方來譏者欲令
其功德滿心淳熟也　△時維摩詰來入會中謂我言長者子夫大施會不
當如汝所設　此三廣引彈事文六一彈呵二請說三略說四重請五廣說
六得益此初彈也肇曰天竺大施會法於父舍開四門立高幢告天下諸
有所須皆詣其舍捨於七日中傾家而施以求梵福時淨名以其俗施既
滿將進以法施故先譏其所設以明為施之殊也　△當為法施之會何
用是財施會為　肇曰夫形必有所資財必有所窮故會人以形者不可
普集施人以財不可以周給且施既不普財不益神未若會群生於十方
而即之如本土懷法施於胸中而惠無不普以此而會會無不均以此而施施不
遺人曷為置殊方而集近賓捨心益而獨潤身乎　△我言居士何謂法

遣人曷為置殊方而集近賓捨心益而獨潤身乎 △我言居士何謂法
施之會 此二請問也 △法施會者無前無後一時供養一切衆生是名法
施之會 此三略答也 什曰若一起慈心即十方同緣施中之等莫先於此故
日至前後也 肇曰夫以方會人不可一息期以財濟物不可一時周是以會通
無隅者彌綸而不漏法澤冥被者不易時而同適故能即無疆為一會
而道無不潤虛心懷德而物自賓豈為存濡沫之小惠捨夫江海之大益
置一時之法養而設前後之俗施乎 △何謂也 此四重問也 肇曰群生無
際而受化不俱欲無前無一時而養者何謂也 △謂以菩提起於慈心
此下五廣就万行明法施文五此初四等也 肇曰夫財養養身法養養神養
神之道存乎冥益何則群生流轉以無窮為路冥冥相承莫能自返
故大士建德不自為身一念之善皆為群生以為群生故願行俱果行果
則已功立願果則群生益已功立則有濟物之能群生益則有返流之分
然則菩薩始建德於內群生已蒙益於外矣何必待哺養啓導然
後為益乎菩提者弘濟之道也是以為菩提而起慈者一念一時所益
無際矣 △以救衆生起大悲心 肇曰大悲之興救彼而起所以悲生
於我而天下同益也 △以持正法起於喜心 肇曰欲令彼我俱持正法喜

起羼提波羅蜜　此二明六度法施大士以一毫之善普施衆生永除六蔽
圓滿六度　肇曰忿生於我無我即無瞋　ム以離身心相起毗離耶波羅蜜
肇曰精進之相起乎身心而云離身心者其唯無相精進乎復次愛著
身心不能ゝ精ゝ進ゝ者其在亡身心乎　ム以菩提相起禪波羅蜜　肇曰菩
提之相無定無亂以此起禪亦同相也　ム以一切智起般若波羅蜜　肇曰在佛
名一切智在菩薩名般若因果異ゝ名也然一切智以無相爲相以此起般ゝ若ゝ
亦無相因果雖異名其相不殊也　ム教化衆生而起於空　此三約三脫明法
施肇曰存衆生則乖空義存空義則捨衆生善通法相虛空其懷者終
日化衆生終日不乖空也　ム不捨有爲法而起無相　肇曰即有而無故能起
無相即無而有故能不ゝ捨ゝ故万法兼俻起無故美惡齊旨　ム示現受生
而起無作　肇曰作謂造作生死也爲彼受生者非作生而生也是以大士受
生常起無作　ム護持正法起方便力以度衆生起四攝法　此四遍約万
行明法施肇曰非方便無以護正法非四攝無以濟羣生　ム以敬事一切起ゝ
除慢法於身命財起三堅法於六念中起思念法於六和敬起質直心
息諸慢以修敬歎三爲而修三堅內思六念外順六和此之謂法施六念者
肇曰念佛法僧施戒天六念也六和者肇曰以慈心起身口意業爲三也

肇曰念佛法僧施戒天六念也六和者肇曰以慈心起身口意業爲三也
四得重養與人共之五持戒淨六修漏盡惠非直心無以具六法非六法
無以和群生生不和非敬順之道 △正行善法起於淨命 肇曰凡所行善
不以邪心爲命也 △心淨歡喜起近賢聖不增惡人起調伏心 心淨者信
也信樂賢聖常近三寶不憎惡人能調不善 肇曰近賢聖生淨善見惡無
憎心也 △以出家法起於深心 猒患三界擔求菩提大事因緣非小志之所
爲也肇曰出家之法非淺心所能弘也 △以如說行起於多聞 肇曰聞不能
行非多聞也 △以無諍法起空閑處 法性平等名爲無諍棲心[illegible]耶理是住
空閑肇曰忿競生乎衆聚無諍出乎空閑 △趣向佛惠起於宴坐
肇曰佛惠深遠非定不趣 △解衆生縛起於行地 理圓無漸
而解縛者必於之以次位肇曰已行不於安能解彼 △以具相
好及淨佛土起福德業知一切衆生心念如應說法起於知業
肇曰大乘万行分爲二業以智爲行㯹故別立智業諸行隨從故
揔立德業凡所修立非一業所成而衆經於相好淨土繫以德業知
念說法繫以智業此蓋取其功用之所多耳未始相無也

相令入一門故繫之以惠也 斷一切煩惱一切障礙一切不善法起一切善
業 肇曰無善不修故無惡不斷 以得一切智惠一切善法起於一切
助佛道法 肇曰一切智惠智業也一切善法即德業也助佛道法大乘
諸無漏法也智德二業非有漏之所成々之者必由助佛道法 如是善
男子是爲法施之會若菩薩住是法施會者爲大施主亦爲一切世間福
田 此下五結成法施肇曰若能備上諸法則冥閏無涯其爲會也不
止一方其爲施也不々心々形々類々故妙存濟神不止一方故其會弥綸可謂
大施可謂大會矣 世尊維摩詰說是法時婆羅門衆中二百人皆發阿
耨多羅三藐三菩提心 此六明時衆得益文二此初婆羅門發心也 我時
心得清淨歎未曾有稽首礼維摩詰足即解瓔珞價直百千以上之
二明善得心淨肇曰心累恚除得清淨信也文四此初心悟上瓔珞也生日七日施
而此物在者家所重也而以上維摩詰者現崇法施情也 不肯取
二讓不受什日本意爲說法故亦爲譏財施故懷此二心所以不受 我言
居士願必納受隨意所與 三重請受隨施也 維摩詰乃受瓔珞分
作二分持一分施此會中最下乞人持一分奉彼難勝如來 四淨名受已
迴施文四初迴施二田也肇曰上直進以法施未等致施之心故施極上窮

作二分持一分施此會中最下乞人持一分奉彼難勝如來 四淨名受巳
迴施文四初迴施二田也肇日上直進以法施未等致施之心故施撽上窮
下明施心平等以成善得爲施之意也 二一切衆會皆見光明國土難勝如
来又見珠瓔在彼佛上變成四柱寶臺四面嚴飾不相障蔽 二佛現
化生日分作二分者欲以明等也現神力者驗法施變成四柱寶臺豈財施
能爲之乎是法施會然也故能無不周耳 維摩詰現神變巳作是言若
施主等施一最下乞人猶如如来福田之相 三勸令等心文二一反相等二无相
等此初也施佛神通若此施貧初無善事施者未能云於分别故淨名
示之以平等什日施佛以地勝故心濃施貧以地苦故悲深是以福田同相致
報一也 無所分别等于大悲不求果報是則名爲具足法施也 二無相
等也肇日若能齊尊卑一行報以平等悲而爲施者乃具足法施耳
城中一最下乞人見是神力聞其所說皆發阿耨多羅三藐三菩提心
此四得益也 故我不任詣彼問疾 四結不堪 如是諸菩薩各各向佛
說其本緣稱述維摩詰所言皆日不任詣彼問疾 此是大段第二總
明諸菩薩奉辭肇日三万二千菩薩皆說不任之辭文不備載之耳

BD00434　净名經集解關中疏卷上

## BD00435 妙法蓮華經卷四

（後秦）鳩摩羅什 譯

221.6cm × 25cm

如

尒時千二百阿羅漢心自在者作是念
歡喜得未曾有若世尊各見授記如餘
弟子者不亦快乎佛知此等心之所念告摩
迦葉是千二百阿羅漢我今當現前次第與
受阿耨多羅三藐三菩提記於此衆中我大
弟子憍陳如比丘當供養六萬二千億佛然
後得成爲佛号曰普明如來應供正遍知明
行足善逝世間解无上士調御丈夫天人師
佛世尊其五百阿羅漢優樓頻螺迦葉伽耶
迦葉那提迦葉迦留陁夷優陁夷阿㝹樓䭾
離婆多劫賓那薄拘羅周陁莎伽陁等皆當
得阿耨多羅三藐三菩提盡同一号名曰普
明　尒時世尊欲重宣此義而說偈言

憍陳如比丘　當見无量佛　過阿僧祇劫　乃成等正覺
常放大光明　具足諸神通　名聞遍十方　一切之所敬
常說无上道　故號為普明　其國土清淨　菩薩皆勇猛
咸昇妙樓閣　遊諸十方國　以无上供具　奉獻於諸佛
作是供養已　心懷大歡喜　須臾還本國　有如是神力
佛壽六萬劫　正法住倍壽　像法復倍是　法滅天人憂
其五百比丘　次第當作佛　同號曰普明　轉次而授記
我滅度之後　某甲當作佛　其所化世間　亦如我今日
國土之嚴淨　及諸神通力　菩薩聲聞眾　正法及像法
壽命劫多少　皆如上所說　迦葉汝已知　五百自在者
餘諸聲聞眾　亦當復如是　其不在此會　汝當為宣說
尒時五百阿羅漢於佛前得授記已歡喜踊
躍即從座起到於佛前頭面礼足悔過自責
世尊我等常作是念自謂已得究竟滅度今

世尊我等常作是念自謂已得究竟滅度今
乃知之如无智者所以者何我等應得如來
智慧而便自以小智為足世尊譬如有人至
親友家醉酒而卧是時親友官事當行以无
價寶珠繫其衣裏與之而去其人醉卧都不
覺知起已遊行到於他國為衣食故勤力求
索甚大艱難若少有所得便以為足於後親
友會遇見之而作是言咄哉丈夫何為衣食
乃至如是我昔欲令汝得安樂五欲自恣於
某年日月以无價寶珠繫衣裏今故現在
而汝不知勤苦憂惱以求自活甚為癡也汝
今可以此寶貿易所須常可如意无所乏短
佛亦如是為菩薩時教化我等令發一切智
心而尋廢忘不知不覺既得阿羅漢道自謂

滅度資生艱難得少為足一切智願猶在不

失今者世尊覺悟我等作如是言諸比丘
汝等所得非究竟滅我久令汝等種佛善根以
方便故示涅槃相而汝謂為實得滅度世尊
我今乃知實是菩薩得受阿耨多羅三藐三
菩提記以是因緣甚大歡喜得未曾有尒時
阿若憍陳如等欲重宣此義而說偈言
我等聞无上　安隱授記聲　歡喜未曾有　礼无量智佛
今於世尊前　自悔諸過咎　於无量佛寶　得少涅槃分
如无智愚人　便自以為足　譬如貧窮人　往至親友家
其家甚大富　具設諸餚饍　以无價寶珠　繫著內衣裏
默與而捨去　時卧不覺知　是人既已起　遊行詣他國
求衣食自濟　資生甚艱難　得少便為足　更不願好者

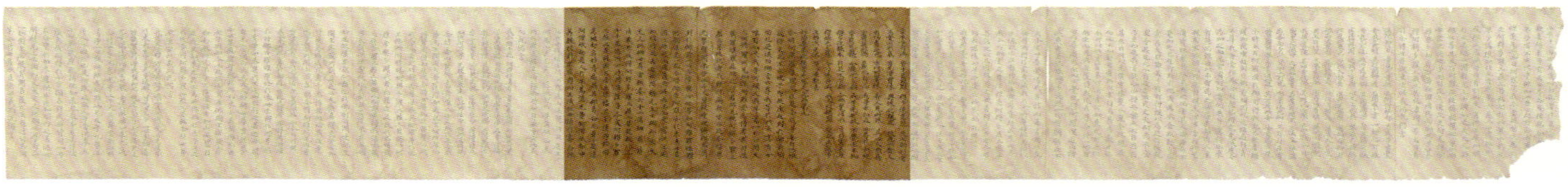

求衣食自濟　資生甚艱難　得少便為足　更不願好者
不覺內衣裏　有无價寶珠　與珠之親友　後見此貧人
苦切責之已　示以所繫珠　貧人見此珠　其心大歡喜
富有諸財物　五欲而自恣　我等亦如是　世尊於長夜
常愍見教化　令種无上願　我等无智故　不覺亦不知
得少涅槃分　自足不求餘　今佛覺悟我　言非實滅度
得佛无上慧　尒乃為真滅　我今從佛聞　受記莊嚴事
及轉次受決　身心遍歡喜

妙法蓮華經授學无學人記品第九

尒時阿難羅睺羅而作是念我等每自思惟
設得受記不亦快乎即從座起到於佛前頭
面礼足俱白佛言世尊我等於此亦應有分
唯有如來我等所歸又我等為一切世間天

藐三菩提記者我願既滿衆望亦足尒時學
无學聲聞弟子二千人皆從座起偏袒右肩
到於佛前一心合掌瞻仰世尊如阿難羅睺羅
所願住立一面尒時佛告阿難汝於來世當
得作佛号山海慧自在通王如来應供正遍
知明行足善逝世間解无上士調御丈夫
天人師佛世尊當供養六十二億佛護持
法藏然後得阿耨多羅三藐三菩提教化二
十千萬億恒河沙諸菩薩等令成阿耨多羅
三藐三菩提國名常立勝幡其土清淨瑠璃
為地劫名妙音遍滿其佛壽命无量千萬億
阿僧祇劫若人於千萬億无量阿僧祇劫中
筭數校計不能得知正法住世倍於壽命像

算數校計不能得知正法住世倍於壽命像
法住世復倍正法阿難是山海慧自在通王
佛為十方无量万億恒河沙等諸佛如來
所共讚嘆稱其功德尒時世尊欲重宣此義
而說偈言
我今僧中說　阿難持法者　當供養諸佛　然後成正覺
号曰山海慧　自在通王佛　其國土清淨　名常立勝幡
教化諸菩薩　其數如恒沙　佛有大威德　名聞滿十方
壽命无有量　以愍衆生故　正法倍壽命　像法復倍是
如恒河沙等　无數諸衆生　於此佛法中　種佛道因緣
尒時會中新發意菩薩八千人咸作是念我
等尚不聞諸大菩薩得如是記有何因緣而
諸聲聞得如是決尒時世尊知諸菩薩心之

王佛所同時發阿耨多羅三藐三菩提心阿
難常樂多聞我常勤精進是故我已得成
阿耨多羅三藐三菩提而阿難護持我法亦護
將來諸佛法藏教化成就諸菩薩衆其本願
如是故獲斯記阿難面於佛前自聞受記及
國土莊嚴所願具足心大歡喜得未曾有即
時憶念過去无量千萬億諸佛法藏通達
无㝵如今所聞亦識本願尒時阿難而說偈言
世尊甚希有　令我念過去　无量諸佛法　如今日所聞
我今无所疑　安住於佛道　方便爲侍者　護持諸佛法
尒時佛告羅睺羅汝於來世當得作佛号蹈
七寶華如來應供正遍知明行足善逝世間
解无上士調御丈夫天人師佛世尊當供養
十方世界微塵等數諸佛如來常爲諸佛而作長

解无上士調御丈夫天人師佛世尊當供養
十世界微塵等數諸佛如来常為諸佛而作
長子猶如今也是蹈七寶華佛國土莊嚴壽
命劫數所化弟子正法像法亦如山海慧自
在通王如来无異亦為此佛而作長子過是
已後當得阿耨多羅三藐三菩提尒時世尊
欲重宣此義而說偈言
我為太子時 羅睺為長子 我今成佛道 受法為法子
於未来世中 見无量億佛 皆為其長子 一心求佛道
羅睺羅密行 唯我能知之 現為我長子 以示諸衆生
无量億千万 功德不可數 安住於佛法 以求无上道
尒時世尊見學无學二千人其意柔軟寂然
清淨一心觀佛佛告阿難汝見是學无學二

十世界微塵數諸佛如來恭敬尊重護持法
藏末後同時於十方國各得成佛皆同一号
名曰寶相如來應供正遍知明行足善逝世
間解无上士調御丈夫天人師佛世尊壽命
一劫國土莊嚴聲聞菩薩正法像法皆悉同
等尒時世尊欲重宣此義而說偈言

# BD00436 妙法蓮華經卷三

（後秦）鳩摩羅什 譯

413.7cm × 25.2cm

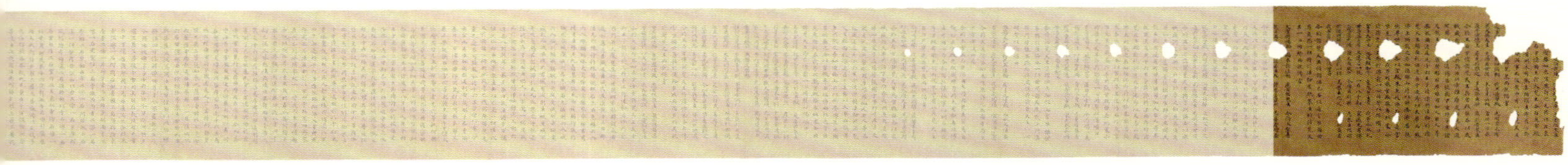

願演說法　以大慈悲力　度苦惱衆生
智勝如来嘿然許之又諸比丘東
百万億國土諸大梵王各自見宮殿
昔所未有歡喜踊躍生希有心即
議此事而彼衆中有一大梵天王
諸梵衆而說偈言
是事何　現如此相　我等諸宮殿　光明昔未有
為大德天生　為佛出世間　未曾見此相　當共一心求
過千万億土　尋光共推之　多是佛出世　度脫苦衆生
介時五百万億諸梵天王與宮殿俱各以衣
裓盛諸　共詣西北方推尋是　見大通
智勝如　道場菩提樹下坐師子座諸
天龍王　婆緊那羅摩睺羅伽人非人等
恭敬圍

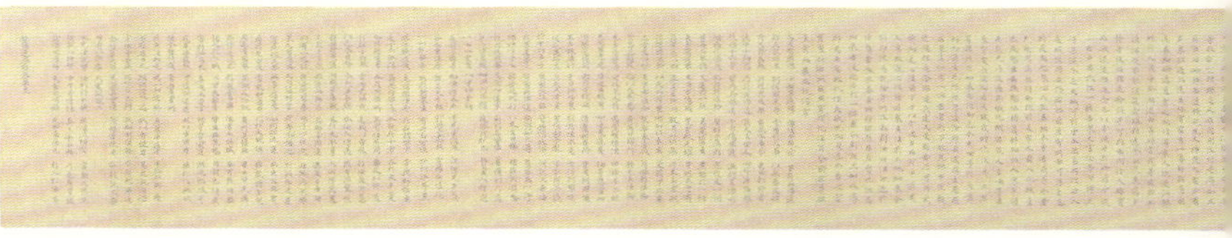

佛上所散之華如須弥山幷以供養佛菩提
樹華供養□各以宮殿奉上彼佛而作是言
唯見哀□□□我等所獻宮殿願垂納處尒
時諸梵天王即於佛前一心同聲以偈頌曰
聖主天中王　迦陵頻伽聲　哀愍衆生者　我等今敬礼
世尊甚希有　久遠乃一現　一百八十劫　空過无有佛
三惡道充滿　諸天衆減少　今佛出於世　爲衆生作眼
世間所歸□　救護於一切　爲衆生之父　哀□饒益者
我等宿□□　今得值世尊
尒時諸梵天王偈讚佛已各作是言唯願世
尊哀愍一切轉於法輪度脫衆生時諸梵天
王一心同聲而說偈言
大聖轉法輪　顯示諸法相　度苦惱衆生　令得大歡喜
衆生聞□□　□道若生天　諸惡道減少　忍善者增益

衆生聞此法得道若生天 諸惡道減少 忍善者增益
尒時大通智勝如来嘿然許之
又諸比丘南方五百万億國土諸大梵王各
自見宮殿光明照曜昔所未有歡喜踊躍生
希有心即各相詣共議此事以何因緣我等
宮殿有此光曜而彼衆中有一大梵天王名
曰妙法為諸梵衆而說偈言
我等諸宮殿 光明甚威耀 此非无因緣 是相宜求之
過於百千劫 未曾見是相 為大德天生 為佛出世間
尒時五百万億諸梵天王與宮殿俱各以衣
裓盛諸天華共詣北方推尋是相見大通智
勝如来處于道場菩提樹下坐師子座諸天
龍王乾闥婆緊那羅摩睺羅伽人非人等恭
敬圍遶及見十六王子請佛轉法輪即時諸
梵天王頭面禮佛遶百千匝即以天華而散

樹華供養各以宮殿奉上彼佛而作是言
唯見哀愍饒益我等所獻宮殿願垂納處尒
時諸梵天王即於佛前一心同聲以偈頌曰
世尊甚難見　破諸煩惱者　過百三十劫　今乃得一見
諸飢渴衆生　以法雨充滿　昔所未曾覩　无量智慧者
如優曇鉢華　今日乃值遇　我等諸宮殿　蒙光故嚴飾
世尊大慈愍　唯願垂納受
尒時諸梵天王偈讚佛已各作是言唯願世
尊轉於法輪令一切世間諸天魔梵沙門婆
羅門皆獲安隱而得度脫時諸梵天王一心
同聲以偈頌曰
唯願天人尊　轉无上法輪　擊于大法鼓　而吹大法螺
普雨大法雨　度无量衆生　我等咸歸請　當演深遠音
尒時大通智勝如來黙然許之西南方乃至

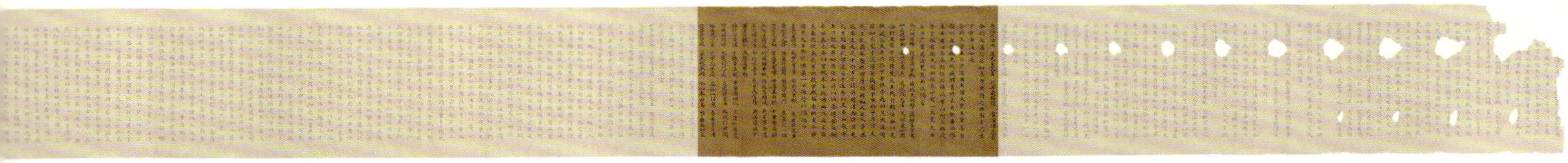

普雨大法雨　度无量衆生　我等咸歸請　當演深遠音
尒時大通智勝如来黙然許之西南方乃至
下方亦復如是
尒時上方五百万億國土諸大梵王皆悉自
覩所止宮殿光明威耀昔所未有歡喜踊躍
生希有心即各相詣共議此事以何因緣我
等宮殿有斯光明而彼衆中有一大梵天王
名曰尸棄為諸梵衆而說偈言
今以何因緣　我等諸宮殿　威德光明耀　嚴餝未曾有
如是之妙相　昔所不聞見　為大德天生　為佛出世間
尒時五百万億諸梵天王與宮殿俱各以衣
裓盛諸天華共詣下方推尋是相見大通智
勝如来處于道場菩提樹下坐師子座諸天
龍王乾闥婆緊那羅摩睺羅伽人非人等恭

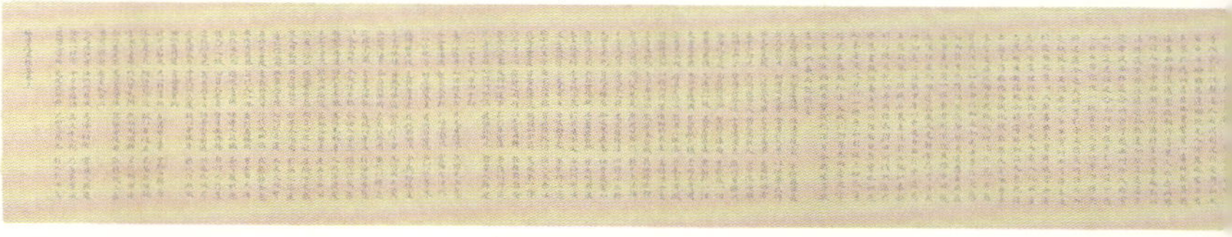

上所散之華　如須弥山　并以供養　佛菩提樹
華供養已　各以宮殿　奉上彼佛　而作是言　唯
見哀愍　饒益我等　所獻宮殿　願垂納處　尒時
諸梵天王　即於佛前　一心同聲　以偈頌曰
善哉見諸佛　救世之聖尊　能於三界獄　勉出諸衆生
普智天人尊　愍哀群萌類　能開甘露門　廣度於一切
於昔无量劫　空過无有佛　世尊未出時　十方常闇瞑
三惡道增長　阿脩羅亦盛　諸天衆轉減　死多墮惡道
不從佛聞法　常行不善事　色力及智慧　斯等皆減少
罪業因緣故　失樂及樂想
住於邪見法　不識善儀則　不蒙佛所化　常墮於惡道
佛為世間眼　久遠時乃出　哀愍諸衆生　故現於世間
超出成正覺　我等甚欣慶　及餘一切衆　喜歎未曾有
我等諸宮殿　蒙光故嚴飾　今以奉世尊　唯垂哀納受

BD00436　妙法蓮華經卷三

超出成正覺　我等甚欣慶　及餘一切衆　喜歎未曾有
我等諸宮殿　蒙光故嚴飾　今以奉世尊　唯垂哀納受
願以此功德　普及於一切　我等與衆生　皆共成佛道
尒時五百万億諸梵天王偈讚佛已各白佛
言唯願世尊轉於法輪多所安隱多所度脫
時諸梵天王而說偈言
世尊轉法輪　擊甘露法鼓　度苦惱衆生　開示涅槃道
唯願受我請　以大微妙音　哀愍而敷演　无量劫集法
尒時大通智勝如来受十方諸梵天王及十
六王子請即時三轉十二行法輪若沙門婆
羅門若天魔梵及餘世間所不能轉謂是苦
是苦集是苦滅是苦滅道及廣說十二因緣
法无明緣行行緣識識緣名色名色緣六入
六入緣觸觸緣受受緣愛愛緣取取緣有有

六入滅則觸滅觸滅則受滅受滅則愛滅愛
滅則取滅取滅則有滅有滅則生滅生滅則
老死憂悲苦惱滅佛於天人大衆之中說是
法時六百万億那由他人以不受一切法故
而於諸漏心得解脫皆得深妙禪定三明六
通具八解脫第二第三第四說法時千万億
恒河沙那由他等衆生亦以不受一切法故
而於諸漏心得解脫從是已後諸聲聞衆无
量无邊不可稱數尒時十六王子皆以童子
出家而為沙弥諸根通利智慧明了已曾供
養百千万億諸佛淨脩梵行求阿耨多羅三
藐三菩提俱白佛言世尊是諸无量千万億大
德聲聞皆已成就世尊亦當為我等說阿耨
多羅三藐三菩提法我等聞已皆共脩學世

多羅三藐三菩提法我等聞已皆共脩學世
尊我等志願如來知見深心所念佛自證知
尒時轉輪聖王所將衆中八万億人見十六
王子出家亦求出家王即聽許尒時彼佛受
沙弥請過二万劫已乃於四衆之中說是大
乘經名妙法蓮華教菩薩法佛所護念說是
經已十六沙弥為阿耨多羅三藐三菩提故
皆共受持諷誦通利說是經時十六菩薩沙
弥皆悉信受聲聞衆中亦有信解其餘衆生
千万億種皆生疑惑佛說是經於八千劫未
曾休廢說此經已即入靜室住於禪定八万
四千劫是時十六菩薩沙弥知佛入室寂然
禪定各昇法座亦於八万四千劫為四部衆
廣說分別妙法華經一一皆度六百万億那
由他恒河沙等衆生示教利喜令發阿耨

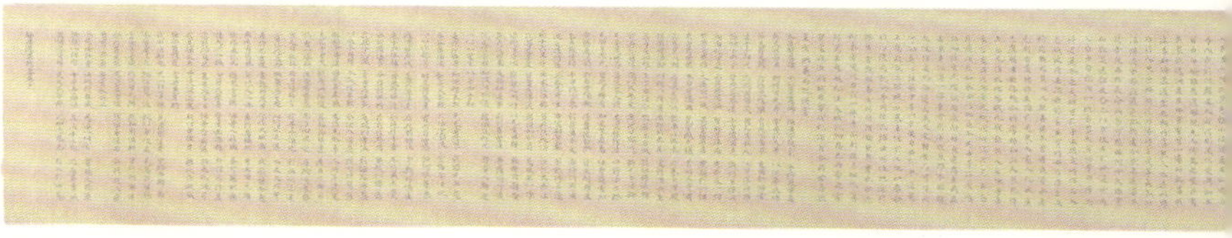

羅三藐三菩提心大通智勝佛過八万四千
劫已從三昧起往詣法座安詳而坐普告大
衆是十六菩薩沙弥甚為希有諸根通利智
慧明了已曽供養无量千万億數諸佛於諸
佛所常脩梵行受持佛智開示衆生令入其
中汝等皆當數數親近而供養之所以者何
若聲聞辟支佛及諸菩薩能信是十六菩薩
所說經法受持不毀者是人皆當得阿耨多
羅三藐三菩提如来之慧佛告諸比丘是十
六菩薩常樂說是妙法華經一一菩薩所化
六百万億那由他恒河沙等衆生世世所生
與菩薩俱從其聞法悉皆信解以此因緣
得值四万億諸佛世尊于今不盡諸比丘我
今語汝彼佛弟子十六沙弥今皆得阿耨多
羅三藐三菩提十方國土現在說法有无量

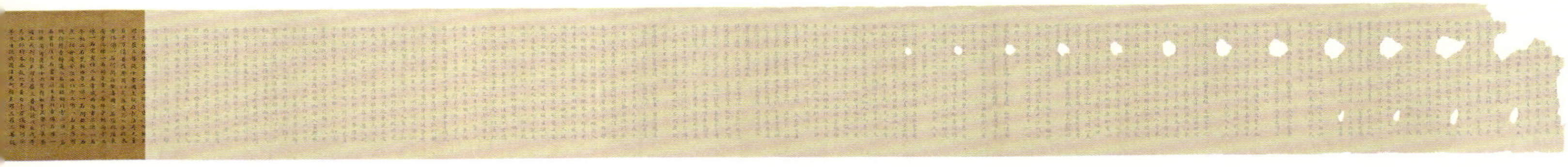

令諸法彼佛弟子十六沙弥今皆得阿耨多
羅三藐三菩提十方國土現在說法有无量
百千万億菩薩聲聞以為眷屬其二沙弥東
方作佛一名阿閦在歡喜國二名須弥頂東
南方二佛一名師子音二名師子相南方二
佛一名虛空住二名常滅西南方二佛一名
帝相二名梵相西方二佛一名阿弥陁二名
度一切世間苦惱西北方二佛一名多摩羅
跋栴檀香神通二名須弥相北方二佛一名
名雲自在二名雲自在王東北方佛名壞一
切世間怖畏第十六我釋迦牟尼佛於娑婆
國土成阿耨多羅三藐三菩提諸比丘我等
為沙弥時各各教化无量百千万億恒河沙
等衆生從我聞法為阿耨多羅三藐三菩提
此諸衆生于今有住聲聞地者我常教化阿

耨多羅三藐三菩提是諸人等應以是法漸
入佛道所以者何如來智慧難信難解尒時
所化无量恒河沙等衆生者汝等諸比丘及
我滅度後未來世中聲聞弟子是也我滅度
後復有弟子不聞是經不知不覺菩薩所行
自於所得功德生滅度想當入涅槃我於餘
國作佛更有異名是人雖生滅度之想入於
涅槃而於彼土求佛智慧得聞是經唯以佛
乘而得滅度更无餘乘除諸如來方便說法
諸比丘若如來自知涅槃時到衆又清淨信
解堅固了達空法深入禪定便集諸菩薩及
聲聞衆為說是經世間无有二乘而得滅度
唯一佛乘得滅度耳比丘當知如來方便深
入衆生之性知其志樂小法深着五欲為是
等故說於涅槃是人若聞則便信受譬如五

等故說於涅槃是人若聞則便信受譬如五
百由旬嶮難惡道曠絕無人怖畏之處若有
多衆欲過此道至珎寶處有一導師聰慧明
達善知嶮道通塞之相將導衆人欲過此難
所將人衆中路懈退白導師言我等疲極而
復怖畏不能復進前路猶遠今欲退還導多
諸方便而作是念此等可愍云何捨大珎寶
而欲退還作是念已以方便力於嶮道中過
三百由旬化作一城告衆人言汝等勿怖莫
得退還今是大城可於中止隨意所作若入
是城快得安隱若能前至寶所亦可得去是
時疲極之衆心大歡喜歎未曾有我等今者
免斯惡道快得安隱於是衆人前入化城生
已度想生安隱想尒時導師知此人衆既得

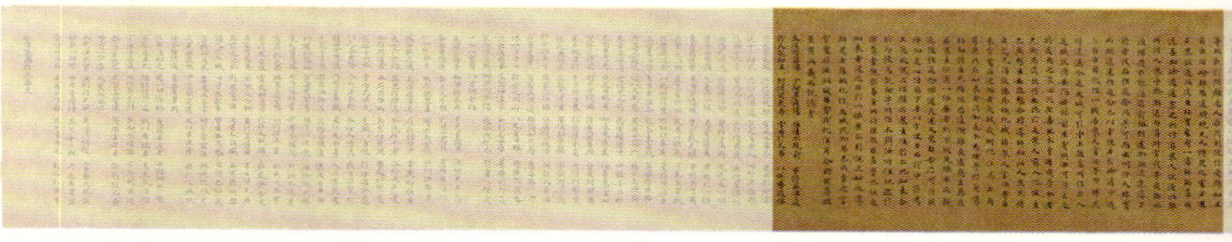

寳處在近向者大城我所化作為止息
耳諸比丘如来亦復如是今為汝等作大導
師知諸生死煩惱惡道險難長遠應去應度
若衆生但聞一佛乘者則不欲見佛不欲親
近便作是念佛道長遠久受勤苦乃可得成
佛知是心怯弱下劣以方便力而於中道為
止息故說二涅槃若衆生住於二地如来尒
時即便為說汝等所作未辯汝所住地近於
佛慧當觀察籌量所得涅槃非真實也但是
如来方便之力於一佛乘分別說三如彼導
師為止息故化作大城既知息已而告之言
寳處在近此城非實我化作耳尒時世尊欲
重宣此義而說偈言

大通智勝佛　十劫坐道場　佛法不現前　不得成佛道
諸天龍神王　阿脩羅衆等　常雨於天華　以供養彼佛

諸天龍神王　阿脩羅衆等　常雨於天華　以供養彼佛
諸天擊天鼓　并作衆伎樂　香風吹萎華　更雨新好者
過十小劫已　乃得成佛道　諸天及世人　心皆懷踊躍
彼佛十六子　皆與其眷屬　千万億圍遶　俱行至佛所
頭面礼佛足　而請轉法輪　聖師子法雨　充我及一切
世尊甚難值　久遠時一現　為覺悟群生　震動於一切
東方諸世界　五百万億國　梵宮殿光曜　昔所未曾有
諸梵見此相　尋来至佛所　散華以供養　并奉上宮殿
請佛轉法輪　以偈而讚歎　佛知時未至　受請嘿然坐
三方及四維　上下亦復尒　散華奉宮殿　請佛轉法輪
世尊甚難值　願以大慈悲　廣開甘露門　轉无上法輪
无量慧世尊　受彼衆人請　為宣種種法　四諦十二緣
无明至老死　皆從生緣有　如是衆過患　汝等應當知
宣暢是法時　六百万億姟　得盡諸苦際　皆成阿羅漢

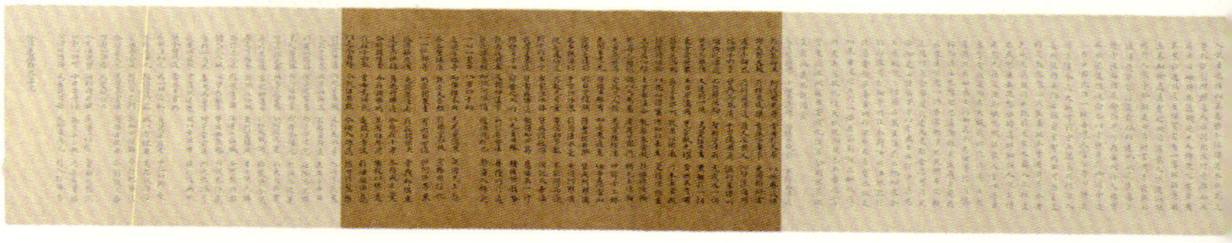

從是後得道 其數無有量 萬億劫算數 不能得其邊
時十六王子 出家作沙弥 皆共請彼佛 演說大乘法
我等及營從 皆當成佛道 願得如世尊 慧眼第一淨
佛知童子心 宿世之所行 以无量因緣 種種諸譬喻
說六波羅蜜 及諸神通事 分別真實法 菩薩所行道
說是法華經 如恒河沙偈 彼佛說經已 靜室入禪定
一心一處坐 八万四千劫
是諸沙弥等 知佛禪未出 為无量億衆 說佛无上慧
各各坐法座 說是大乘經 於佛宴寂後 宣揚助法化
一一沙弥等 所度諸衆生 有六百万億 恒河沙等衆
彼佛滅度後 是諸聞法者 在在諸佛土 常與師俱生
是十六沙弥 具足行佛道 今現在十方 各得成正覺
尒時聞法者 各在諸佛所 其有住聲聞 漸教以佛道
我在十六數 曾亦為汝說 是故以方便 引汝趣佛慧
以是本因緣 今說法華經 令汝入佛道 慎勿懷驚懼

以是本因緣　今說法華經　令汝入佛道　慎勿懷驚懼
譬如險惡道　迥絕多毒獸　又復无水草　人所怖畏處
无數千万衆　欲過此險道　其路甚曠遠　逕五百由旬
時有一導師　強識有智慧　明了心決定　在險濟衆難
衆人皆疲惓　而白導師言　我等今頓乏　於此欲退還
導師作是念　此輩甚可愍　如何欲退還　而失大珎寶
尋時思方便　當設神通力　化作大城郭　莊嚴諸舍宅
周迊有園林　渠流及浴池　重門高樓閣　男女皆充滿
即作是化已　慰衆言勿懼　汝等入此城　各可隨所樂
諸人既入城　心皆大歡喜　皆生安隱想　自謂已得度
導師知息已　集衆而告言　汝等當前進　此是化城耳
我見汝疲極　中道欲退還　故以方便力　權化作此城
汝今勤精進　當共至寶所
我亦復如是　為一切導師　見諸求道者　中路而懈廢
不能度生死　煩惱諸險道　故以方便力　為息說涅槃

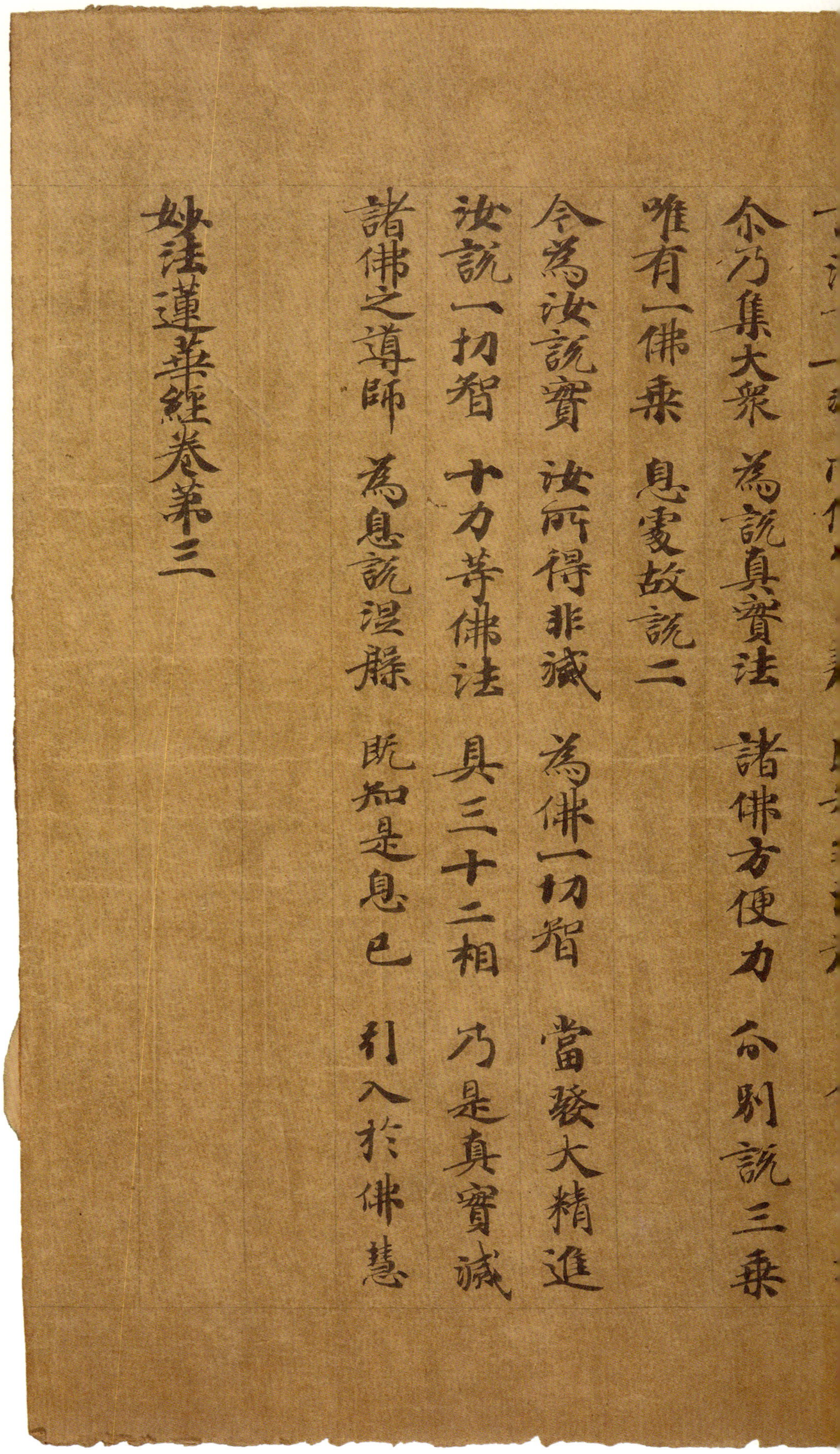

尒乃集大衆　為說真實法　諸佛方便力　分別說三乘
唯有一佛乘　息處故說二
今為汝說實　汝所得非滅　為佛一切智　當發大精進
汝說一切智　十力等佛法　具三十二相　乃是真實滅
諸佛之導師　為息說涅槃　既知是息已　引入於佛慧

妙法蓮華經卷第三

**圖書在版編目（CIP）數據**

中國國家圖書館藏敦煌文獻．第三一册／中國國家圖書館編．—北京：國家圖書館出版社，2024.12

ISBN 978-7-5013-7954-5

Ⅰ．①中… Ⅱ．①中… Ⅲ．①敦煌學－文獻 Ⅳ．① K870.6

中國國家版本館 CIP 數據核字（2024）第 036514 號

書　　名　中國國家圖書館藏敦煌文獻・第三一册
著　　者　中國國家圖書館　編
項目統籌　魏　崇　殷夢霞
責任編輯　程魯潔　潘　竹　黄　鑫　苗文葉
責任校對　王　哲

出版發行　國家圖書館出版社（北京市西城區文津街 7 號　100034）
（原書目文獻出版社　北京圖書館出版社）
010-66114536　63802249　nlcpress@nlc.cn（郵購）
網　　址　http://www.nlcpress.com
排版印裝　天津裕同印刷有限公司
版次印次　2024 年 12 月第 1 版　2024 年 12 月第 1 次印刷

開　　本　787 × 1092　1/8
印　　張　37
書　　號　ISBN 978-7-5013-7954-5
定　　價　2800.00 圓